AF573364

BLAGE BEERN UND RODE HOOR

Wolfgang Mahnke

BLAGE BEERN UN RODE HOOR

Plattdeutsche Kriminalgeschichten

HINSTORFF

Liebe Leserin, lieber Leser! Wie hat Ihnen die Lektüre gefallen?
Bitte bewerten Sie uns im Internet.

Die Deutsche Nationalbibliothek verzeichnet diese Publikation in der Deutschen Nationalbibliografie, detaillierte bibliografische Daten sind im Internet über http://dnb.de abrufbar.

Lagerstraße 7, 18055 Rostock
Tel. 0381/4969-0
www.hinstorff.de

1. Auflage 2021
Herstellung: Hinstorff Verlag GmbH
Coverillustration: Carola Rong
Druck und Bindung: CPI books GmbH
Printed in Germany
ISBN 978-3-356-02379-4

INHALT

PLAYBOYGIRL UN FOHRERFLUCHT

As Hilmar Franke upwakte, dämmerte dat grad. Hei harr gräsig Koppweihdag un bannigen Döst. Franke torkelte tau't Käuhlschapp. Dat Glashäger Sprudelwader munterte em bäten up, man dat Koppdüsen blew. Woans wier hei nah Hus kamen? Hei leg mit Unnertüg in't Bedd, Jacket, Büx un Schauh krüz-duwwelt dorvör. Hilmar sett'e sick up dei Beddkant un angelte sick sien Saken von'n Fautbaden. Sien Breiftasch stäkte in'e Bost- un dat Handy in'e Büxentasch. Geld, Utwies alls dor, oewer wat wier passiert? Harr hei sick nich mit sien Frünn bi dei Sünnabend-Disco in'n „Landkraug" drapen? Un wier dor nich ein blond Mäten wäst, wat em bi't Danzen schöne Ogen makt harr? Würklichkeit orer Drom? Hilmar künn sick an nix mihr klor erinnern – „Filmriss"!

Frisch Luft, lat frisch Luft an dien'n Brägen! Dei Husdör wier nich afschlaten. Dei Schlötel stäkte von buten in't Schlott. Vör 'n Süll leg nüsterbleik up dei Fliesen ein Mäten, dei blonden Hoor blautverschmert, dei Ogen wiet apen. Wier sei dod? Hilmar wankte in sien Stuw trügg un röp 110 an. –

Franke set an'n Disch, sien'n Kopp in'e Hänn stütt, as Hauptkommissar Jörg Knaak un sien Mitstrieder Kommissar Werner Rhode von dei Rostocker Murdkommission bi em indröpen. Buten wiern dei Gerichtsmediziner Dr. Joachim Schmidt un Hella Kaminski von dei Spurensäkerung mit ehren Assistenten an't Wark. Dr. Schmidt schrew in 't Protokoll, dat dei jungsche Fru üm Middernacht rüm dörch einen Schlag mit 'n harten Gägenstand up 'n Kopp, wobi dei Schädeldeck indrückt würd, storben is. Dei Kriminaltechniker fünnen näben dei Liek ein Biel mit Hoor un Blaut. Identifiziern künn'n sei dat dull schminkt Opfer nich, denn Handtasch orer Geldbörs wiern nich uptaufinn'n. Bet up ein Armband, mit ingravierte Baukstaben RH, drög dei Dode kein'n Schmuck. Anner Fautspuren as dei von Franke un dat Opfer wiern nich faststellt worden.

Dei Befragung von Hilmar Franke verlöp in'n Sand, wieldat hei sick an nix erinnern künn. As dei Kommissare em dat Biel wiesten, gew hei tau, dat dat sien wier. HF stünn up 'n Schaft, von em sülben nah denn' Kop inritzt. Knaak un Rhode röpen Dr. Schmidt un Hella Kaminski tau sick. Dei ein süll ein Blautprof von Franke nähmen, dei anner ein Foto von dat Opfer för dei Fahndung maken. Denn verhafteten sei Franke …

Dei vermaudliche Mürder set in U-Haft. Knaak un Rhode harrn indess alls aktenkunnig makt. Franke, achtuntwindig Johr olt, ein Kierl as 'n Eickbom, wahnte in't Dörp Lichtenhagen. Von sien Hus bet tau'n Landkraug wiern dat knapp vierhunnert Meter. Franke harr denn' Landarbeiderkaten von sien Öllern arwt, ok dat Sporbauk. Verwandtschaft un Geschwister gew 't nich. As Franke denn' Katen tau ein Einfamilienhus ümbugen un dat Dack nieg decken let, wier dat Sporbauk leddig. Dei Möbel in't Hus stammten deils noch von sien Öllern, ’n bäten wat harr hei nieg tauköfft. Hilmar Franke wier Kraftfohrer bi ein Rostocker Speditionsfirma. Dei Chef säd oewer em: Tauverlässig, korrekt, kollegial. Von sien Salär harr Franke bether dreidusendsösshunnert Euro sport. Gehalt un Utgawen hüll’n sick up sien Giro-Konto in’e Waag. Franke wier Junggesell. Von dat ein orer anner Techtelmechtel afseihn, spälten Frugens in sien Läwen bether kein grot Rull. Probleme mit Alkohol wiern nich bekannt. Wenn Franke eins ein’n tau Bost nähm, denn an’t Wochenend, oewer nie oewern Döst. Hochprozentigen harrn sei in sien Hus, as sei dat up ’n Kopp stellten, ok nich funn’n, blot ’n poor Buddel Bier in’t Käuhlschapp. In dat Hus, in’n Schuppen orer Gorn wiern dei Beamten nich up Gägenstänn stött, dei tau’t Opfer hüren deden.

Nah dei Befragung von’n Landkraug-Wirt harr sick Hilmar Franke Sünnabend Klock teigen mit sien Frünn an’n Tresen dallaten, dor ein tietlang säten, ok wat drunken, schätzungswies vier Glas Bier un äbensoväl Kloren, mihr oewer wiss nich. Denn wier gägen Klock elben dei blonde Diern in ’n Kraug kamen, Franke harr äbenweg mit ehr danzt un üm Griddernacht wiern dei beiden middenmal verschwunn. Ok Hilmars Frünn un anner Befragte säden datsülwig ut.

„Faten wi mal tausamen“, säd Knaak. „Nah denn’ Anrop von Franke finn’n wi ein dodig Frugensminsch vör sien Husdör. Wi weiten nich, woans dei Dode heit un woher sei stammt. Dat sei mit ein Biel, wat Franke hürt, dodschlagen würd, is eindüdig. Anner Fingerafdrück, as dei von Franke, hebben dei Kriminaltechniker up denn' Bielschaft nich funn'n. Franke kann sick blot noch an erinnern, dat hei mit dei Diern danzt hett, an wieder nix, wieldat hei angäwlich all in'n Landkraug ein'n Filmriss harr. Dat blonde Mäten un Franke verlaten gägen Middernacht dei Disco. Ein halw Stunn später schlöggt dei Mürder tau un ..." In denn' Momang kloppt dat, Dr. Schmidt steiht up 'n Süll un drückt Rhode 'n Hefter in'e Hand:

„Mien Bericht tau denn' Fall Franke. Interessant is dei Utwertung von Frankes Blautprof. Von dat bäten Alkohol kann em dei Film nich räten sin! Wenn hei sick würklich an nix mihr erinnern kann, denn hett dat ein anner Ursak. Ick hew oewer nix funn'n, womit ick dat bewiesen künn!" Dei Drucker achter Knaak fangt an tau rappeln. Dat Fax kümmt von dei Kollegen ut Woren/Müritz: Bi dei Person up dat Fahndungsfoto hannelt sick dat wohrschienlich üm Ramona Hagemann, dei in't ierst Hotel an't Müritzäuwer in Woren as „Bardame" anstellt is. An't Wochenend is Fru Hagemann nich tau'n Deinst kamen un hett ok nich up Nahfragen per Telefon orer Handy reagiert. Knaak oewerleggt kort un seggt denn:

„Bevör ick dat vergät, hartlichen Dank Jochen för denn' Bericht! Un nu tau uns. Ick führ nah Woren, üm dor mit dei Kollegen tau spräken. Möglicherwies finnen wi je in dei Wahnung von Fru Hagemann Henwies, dei uns 'n Stück in denn' Fall Franke wiederhelpen. Du, Werner, führst tau'n Landkraug un nimmst di denn' Wirt, oewer ok dei Bedeinung, noch eins vör.

Irgendwat möten wi oewerseihn hebben! Noch Fragen? Nee? Na denn man in'e Spur!“

Dei Kollegen in Woren harrn gaude Vörarbeid makt. Kommissar Volker Römer drückte Knaak fründlich dei Hand. Sei harrn tausamen dei Polizeihochschaul in Güstrow besöcht. Denn führten sei tau dei Wahnung von Fru Hagemann. Oll Papenhagensch, bi dei dat Opfer tau Meid wahnt hett, set in ehr Wahnstuw in'n Lähnstauhl, as dei Beamten bi ehr indröpen.

„Blieben S' man sitten“, säd Römer, „dei Nahricht von Fru Hagemanns Dod stäkt säker noch in Sei Ehr Knaken. Liekers hebben wi noch 'n poor Fragen.“

„Dei könn'n S' giern stell'n, ick hew mi all fat. Väl harr ick mit Fräulein Hagemann je ok nich tau daun, obschonst sei nu all drei Johr baben mi wahnt.

Un dat will 'k gliek vörweg seggen, dei Meid wier ümmer pünktlich up mien Konto!“

„Gaut. Wat könn'n Sei uns denn süss noch oewer Fru Hagemann vertell'n?“

„Nich väl. Dei jungsche Diern läwte je as 'n Ul. An'n Dag hett sei sick nich rögt un abends is sei utflagen. Wann bi ehr Besäuk wäst is un wenn, weckein dat wier, kann 'k ok nich seggen, denn ehr Wahnung hett 'n eigen Ingang un dei Trepp nah baben liggt linker Hand, un ick wahn rechter Hand. Un as ick all andüd hew, wenn sei wak wier, hew ick schlapen un wenn ick wak wier, hett sei schlapen. Hängt je mit ehr'n Beruf tausamen. Dorüm hebben w' uns männigmal maandelang nich seihn.“

„Wi bedanken uns för dei Utkunft, Fru Papenhagen“, säd Römer, „un noch wat, ein'n Tweitschlöttel för Fru Hagemanns Wahnung hebben Sei doch, orer?“

„Klor. Dei hängt an'e Gadrow up 'n letzten Haken linksch.“ Dei Hagemannsche Wahnung, mit Blick up denn' Worener Stadthaben, wier pieksauber un uprümt. Alls leg orrig an sienen Platz. Ok dat Bedd in'n Schlaprum wier makt, dor harr oewer 't Wochenend keinein in schlapen.

„So as dat hier utsüht, is Fru Hagemann dörch ehr'n Beruf nich grad riek worden, oewer Geschmack hett sei hadd“, säd Römer. „Kiek di blot mal eins dissen hübschen ‚Sekretär‘ an!“

„Un ein Läsrott wier sei ok“, stellte Knaak fast, „dei Schrankwand vull Bäuker, un dit hier hett sei woll grad bi dei Uhren hadd.“ Up 'n Kautschdisch leg Noah Gordons „Der Medicus“. As Knaak in dat Bauk bläderte, füll ein Foto up 'n Disch. Dat Mäten rechtsch müsst dat Opfer sin, oewer mit schwatte statt blonde Hoor, un dei schicke Kierl linksch von ehr künn möglicherwies ehr Vadder sin. As Römer 'n Ogenblick späder dei Schriewplatt von denn' Sekretär upklappt, fünn hei dor in dat ünnelst Fack ein Stahlkassett, afschlaten.

„Dor warden woll ehr Popieren in sin. Mit dat Fax oewer dat, wat wi oewer dei Dode weiten, schriew ick di gliek mit up, wat wi in'e Kassett funn'n hebben un schick di ok ein Kopie von dat Foto mit“, säd Römer. „Mihr is hier woll för 't ierst nich tau halen. Ick versiegel dei Wahnung gliek. Wenn 't nödig is, kann dei Spurensäkerung späder je noch eins nahsäuken. Du wist all wedder los? Na denn gaude Fohrt!“ Knaak sett'e sick in 't Auto un führte nah Rostock trügg.

Dat Fax ut Woren wier ihrer in Rostock as Knaak. As dei Hauptkommissar nahmiddags indröp, Rhode dei Hand schüddelte un sick dalsett'e, wieste Rhode up denn' Franke-Ordner:

„Is wedder ein Fax ut Woren kamen. Ick hew 't all läst. Ick bräu uns 'n Koffie up un denn kannst in Rauh läsen, wat dei Worener Niegs rutfunn'n hebben!“ Ramona Hagemann, 26 Lenze olt, is mit ehr twei Johr öllere Süster Regina bi Oma un Opa upwussen, nahdem ehr Öllern bi ein Bootsunglück up dei Müritz ümkamen sünd. Beide Dierns könn'n gaut lihr'n un schluten dei Schaul mit dat Abitur af. Ramona studiert Hotelmanagement in Schwerin un Regina Lihramt för Engelsch un Geographie in Griepswold. Ramona höllt dat nich langen in't Büro ut un tuscht vör drei Johr ehr'n Bürosessel gägen denn' Barhüker ut. Ehr Erspornisse hett sei vörrig Johr för einen „Golf Plus“ utgäben. In dei Stahlkasett legen blot Popiern as Urkunn un Verdräg, süss wieder nix von Bedüdung. Dat Geldfack in dei Kasett wier leddig, allerdings hebben dei Beamten ein Stück Banderol in funn'n, so'n, womit dei Banken Geldschiens bünneln. Dei öllere Süster Regina Hagemann, intwüschen verfriegte Granzow, hett twei Kinner un is Lihrerin an't Gymnasium „Carolinum“ in Niestrelitz. Fru Granzow is oewer denn' Murd informiert un dat sick dat bi dat Opfer wohrschienlich üm ehr Süster hannelt. Ramona H. hett, sietdem sei in'e Bar arbeid, denn' Kuntakt tau Regina G. afbraken. Regina G. kümmt liekers hüt noch tau dei Identifizierung von dat Opfer in dei Gerichtsmedizin nah Rostock. Anner Verwandtschaft as ehr Süster hett Ramona H. nich, denn ehr Grotöllern sünd ok nich mihr an't Läwen. Tau dei männliche Person up dat Foto näben Ramona H.: Dor is Karl-Friedrich Böhnke up aflicht, von sien Frünn „Charlie" nömt. Böhnke hett nah dei Wend mit Autohannel ein Vermögen tausamendragen, vör teigen Johr sien Firma afmellt un up ein Grundstück an'e Müritz 'n statsch Hus henstell'n laten, wat hei sietdem bewahnt. Dei „Ost-Playboy", as dei Lüd em beteiken, is Junggesell.

„Naja", brummelte Knaak, „väl is 't je nich, oewer bäder wat as gor nix. Denn' Playboy knöpen wi uns so bald as möglich, tausamen mit uns' Worener Kollegen, vör. Un wat hett dei Fohrt tau'n Landkraug inbröcht?"

„Blot ein Sak, oewer dei is interessant", antwurt Rhode. „Franke set nich denn' ganzen Abend an'n Tresen. Gägen elben hett hei sick sien Bierglas schnappt un sick tau ‚Blondi' in dei schummrig Eck an'n Saalutgang sett. Dor harr sei em wat in 't Glas drüppeln künnt, oewer ok süsswer, wenn dei beiden bi't Danzen wiern!"

„Alls schön un gaut, oewer väl wieder helpt uns dat ok nich", sinnierte Knaak. „Villicht weiten wi noch nich naug oewer Franke. Ick führ tau em in'e U-Haft un du kümmerst di um Fru Granzow, wenn sei in'e Gerichtsmedizin kümmt. Büst inverstahn?" Knaak täuwte dei Antwurt nich af, nähm sien Mütz von'n Haken un verschwünn. –

Hilmar Franke termaudbarste sienen Kopp wedder un wedder, künn oewer keinen Klauk in kriegen, wat sick in'e Nacht von Sünnabend tau Sünndag taudragen harr.

„Schuben wi eins dei gräsig Nacht bisiet", munterte Knaak em up, „un kieken mal bäten trügg. Hebben Sei in'e letzten Maand orer Johr irgendwat beläwt, wat nich grad normal is. Sei kamen as Kraftfohrer doch väl rüm, so'n Fohrten lopen doch nich ümmer blot nah ein'n Strämel af. Dor möt je ok eins wat vörfoll'n sin, orer?"

„Ja, natürlich", säd Franke, „dor passiert ofteins wat. An ein'n Begäwnis erinner ick mi besonners gaut. Man doroewer hew ick dunnmals dei ‚Witten Müs'* un dei ‚Kripo' all mihrfach berichten müsst un in'e Tiedingen stünnt je ok: ‚Hilmar Franke – ein Held', mit 'n Bild von mi!"

„Würklich? Vertell'n S' mi dei Geschicht liekers noch eins!" Franke lähnte sick trügg un kramte in sien Erinnerung:

„Dat wier in'n Sommer vörrig Johr. Ick kem mit mienen Laster ut Oranienburg. Wiel dei A 20 wegen denn' Brüggenbu bi Petersdörp an dissen Dag vull sparrt wier, hew ick 'n Ümweg oewer dei B 193 nahmen. Dat wier spät worden un all düster. Dei Gewitterrägen harr grad nahlaten. Wegen dei natt Fohrbahn bün ick langsam führt un dat wier mien Glück! Kort vör Penzlin müsst ick bannig up dei Brems perr'n. Midden up dei Strat leg ein verbult Fohrrad, dornäben, ahn sick tau rögen, ein öllere Fru. Vör dei Fru set

* Ein Ökelnam för Verkihrspolizisten ut DDR-Tieden.

ein jungsches Mäten in'e Huck, ein Mann stünn näben ehr. Poor Meter wieder weg parkte ein Geländewagen, dei Motor löp, Dören vörn up un Schienwerfer an. As mien Laster tau'n Stahn kem, grep dei Kierl dei Diern an'n Arm, ret sei tau Höcht, löp mit ehr tau't Auto, schubste sei up 'n Bifohrersitz, sett'e sick an 't Stüer, gew Gas un 'n Ogenblick späder künn'n in'e Fiern blot noch dei Rücklichter seihn. Ick hew mit mien Handy gliek 110 anropen. Polizei un Notdokter wiern fix tau Stell. Dei öllere Fru kem in 't Krankenhus, sitt hüt oewer in'n Rullstauhl. Wenn ick nich uptau kamen wier, harr sei denn' Unfall nich oewerläwt. Wieldat ick weit, wat Sei nu fragen will'n, segg ick dat gliek: Ick künn dat Nummernschild von denn' SUV nich erkenn'n, dei Wagen stünn tau wiet weg. Dat dei beiden Insassen fien Kledasch anharrn, hew ick dunnmals tau Protokoll gäben, ok dat dei Kierl orrig wat öller utsehg as dei Diern. Un noch wat: Is nienich rutkamen, weck dat wäst sünd, dei dunn dei ‚Fohrerflucht' begahn hebben!" Knaak nickköppte vör sick hen, sien Gedanken löpen dörcheinanner, denn kek hei Franke an un säd:

„Dat is je markwürdig. Villicht hebben Sei mi äben ein'n Schlötel tauspält un ick möt nu dat passig Schlott dortau säuken!" Denn kloppte hei an dei Zellendör, ein Beamter let em rut, schlöt achter em üm un schöw denn' Riegel wedder vör. Franke künn mit dei Würd von'n Hauptkommissar nix anfangen. –

Knaak röp von unnerwägens noch sien Deinststell an un as hei dor indröp, leg dei Aktenordner oewer denn' „Unfall mit Fahrerflucht, Zeuge Franke", all up sienen Schriewdisch. Väl Nieges fünn hei in dei Akten nich. Oewer twei Saken, dei Franke nich anspraken harr, notierte sick Knaak: Dat dei Fohrer von denn' Fluchtwagen 'n Brillendräger wäst is un dei jungsche Fru lange, schwatte Hoor dragen harr.

Rhode kem mit dei Würd in'e Dör:

„Fru Granzow hett ehr Süster identifiziert, nu hebben wi Klorheit. Bi dat Opfer hannelt sick dat eindüdig üm Ramona Hagemann!“ Mit denn' Henwies:

„Läs Di dissen Bericht eins prick dörch!“, langte Knaak Rhode denn' Fohrerflucht-Ordner oewern Disch. Denn telefonierte hei lange Tiet mit Römer in Woren. Dei süll, so bald as möglich, alls, wat hei oewer „Charlie“ Böhnke wüsst, tausamendrägen. Morgen wull'n sei denn' „Playboy“ eins bäten up 'n Tähn fäuhlen un Römer süll up jeden Fall mitbi sin.

Rhode läd denn' Fohrerflucht-Bericht vör sick dal un sinnierte:

„Nahgahn möten wi dei Sak, dor hest du recht, Jörg. Man, wat sall dorbi rutkamen? So ganz in'n Kloren bün 'k mi doroewer nich. Entweder du hest di in wat verrönnt orer du stäkst morgen in 'n Immennest. Un nu lat uns för hüt Schluß maken, kiek eins up dien Klock, wur spät dat all is!“ –

Annern Vörmiddag dröpen sick Knaak un Rhode mit Römer. Dei harr 'n poor Niegligkeiten prat: Böhnke hürte tau dei Fründschaft von denn' Hoteldirekter Uwe Krupske, dei dei Chef von Ramona H. wäst wier, un güng in dat fine Hus an'e Müritz in un ut. Mihrst besöchte hei dat Restaurant, ofteins ok dei Bar orer hei quartierte sick in't Hotel för 'n poor Daag in. Tau sien Geldangelägenheiten gew dat nix besonners, afseihn dorvon, dat Böhnke vör ein halw Johr dreimal 20000 € von sien Inlagen afhaben harr, wotau, is nich bekannt. Intressant is oewer, dat Böhnke siet ein Johr Walter Barowski as Husmeister instellt hett, dei sietdem up Böhnkes Grundstück separat in ein'n Bungalow näben dei Warkstäd wahnt. Barowski is bi dei Worener Kripo gaut bekannt, denn hei hett ümmer wedder wägen Schlägerie, Unnerschlagung un all so'n Delikte insetten. Worüm Böhnke dissen Ganoven dörchfaudert, is unklor, denn dei wüsst säker oewer Barowskis Vergangenheit Bescheid.

As dei Beamten bi Playboy-Böhnke indrapen, sitt dei bi't Frühstück up sien Terrass. Böhnke seggt, dat hei all up ehren „Besäuk" luert hett, denn sien Fründ Uwe, dei Hoteldirekter, hett em vertellt, wat Ramona taustött wier. Ierst wull hei sick sülben bi dei Kripo mell'n, hett denn oewer von afseihn, wieldat Ramona sick je all vör 'n halw Johr von em trennt hett un hei sietdem kein'n Kuntakt mihr tau ehr harr.

„Noch dei Routinefrag", säd dunn Knaak. „Wo wiern Sei Sünnabend, as Ramona Hagemann ümbröcht würd?"

„Denn' ganzen Abend hew ick in'e Hotelbar setten, von Klock elben an bet in'e Nacht. Näbenbi: Ick harr von Sünnabend bet Mandag in't Hotel Quartier nahmen, dat heit, ick bün ierst gistern Middag nah Hus kamen. Fragen S' Uwe Krupske, dei kann dat betügen."

„Je, dat wiert denn all, nähmen S' uns dei Stürung nich oewel. Noch ein Frag näbenbi: Ick hew mal Biller von Sei seihn, hebben Sei früher nich ein Brill dragen?“

„Ja, is oewer all langen her, Kieken S', mit Kuntaktlinsen süht 'n doch orrig wat jünger ut un dor möt ick nu woll up achten, wo mi dei Frugens je all weglopen!“ antwurt em Böhnke un wull sick oewer sien'n „Witz“ dallachen. Dei Kommissare führen nah Woren trügg, üm sick tau beraden.

„Ick denk Böhnke is clever“, seggt Römer, „dei weit, woans man mit denn' Rüggen an'e Wand kümmt. Dor nütt ok kein Bluffen. Ahn Bewiesmiddel bieten wi bi denn' up Granit! Anners süht dat bi Barowski ut. Mit ‚Walter‘ harr ick je all öfter tau daun. Dei hett twors 'n grot Mul, is süss oewer 'n Weikei. Man wi hebben nix gägen em in'e Hand!“

„Je, dat is uns' Problem“, mischt sick Knaak nu in. „Wat meint ji, wenn wi einfach alls up ein Kort setten? Volker besorgt, ein Vörwand ward sick all finn'n, von'n Staatsanwalt einen Dörchsäukungsbeschluss för Barowskis Bungalow un dei Warkstäd un denn trecken wi dor dat vulle Programm dörch!“

„Un wenn dat an'n Bom geiht?“, frög Rhode, „wat denn?“

„Denn möten wi tausamen in 'n suern Appel bieten un von vörn anfangen. Wi süll'n dat liekers up einen Versäuk ankamen laten!“ Indes wier Römer all tau'n Staatsanwalt unnerwägens. Hett orrig 'n Tiet duert, bet hei sienen Chef von dei Aktion oewertügt kreg. Denn winkte hei mit dat Popier in'e Hand sien Rostocker Kollegen tau, dei „Oewerfall“ künn anlopen.

Mit väl Bedacht wählten sei dortau Mannschaft un Fohrtüg ut. Mit söss Wagen, Blaulicht un Tatütata marachten sei nahmiddags up Barowskis Hoff. Römer hüll Barowski denn' Dörchsäukungsbeschluss unner dei Näs, Knaak un Rhode wiesten dei Beamten in, Bungalow un Warkstäd akrat unner dei Lup tau nähmen. Denn sett'en sei sick tau Barowski un Römer in'e Wahnstuw un täuften af. Barowski harr intwüschen all 'n poor Mal versöcht ruttaukriegen, wat dei „Uptog" hier süll, man Römer begäuschte em:

„Schonen S' Sei Ehr Mulwark noch ein bäten, Barowski, Sei warden hüt noch naug Gelegenheit kriegen, dat tau bruken!" Liekers vergüng noch 'n halw Stunn, bet dat sowiet wier. Denn kloppte dat. Römer güng vör dei Dör un kem mit 'n „Bullenfänger" in'e Hand wedder rin.

„Dit gaude Stück hebben mien Lüd achter Asbestplatten in'e Warkstäd funn'n. Könn'n Sei uns dortau 'n bäten wat vertell'n? Wenn Sei nich von allein up kamen, ick help Sei giern bäten up dei Sprüng!" Barowski druckste ierst rüm, dacht denn oewer woll: Wenn sei wieder nix gägen di in'e Hand hebben, künn 't mit 'n blag Og afgahn un gew tau:

„Dei Stotstang hürte tau denn' Jeep von'n Chef. Dei hett mi up ‚Empfehlung' upsöcht un mi verklort, worüm dat güng. Hei harr, as hei mit sien Fründin Ramona von't Theoter in Niestrelitz kem, kort vör Templin einen Unfall bugt. Dat süll oewer nich rutkamen. Ick hew denn' Bullenfänger uttuscht, dat heit wedder einen ollen anbugt, weckern ick intwüschen von ein'n

Kumpel besorgt harr. Dei Kripo hett nix von markt. As ick späder in't Blatt denn' Artikel oewer ein'n Unfall mit Fohrerflucht up dei B 193 läste, wier mi klor, up wat ick mi grad inlaten harr. Ick sprök dorüm bi Böhnke vör. Dei hett mi as Dank, wenn 'k dat Mul holl'n würd, dei Stell hier as Husmeister anbaden. Ick krieg as Husmeister man 'n lütt Salär, hew dorför oewer frie Logis. Mi kem dat taupass, weckerein stellt all 'n Knasti in?"

„Dunnernarren oewer ok", säd Römer, „so kooperativ hew ick Sei je noch nie beläwt. Oewer dat dick End kümmt noch ierst, denn nu sünd mien Kollegen ut Rostock an'n Tog!"

„Wat sall denn nu noch kamen? Wat ick weit, hew ick seggt. Nu könn'n S' Schluss maken. Ick büx nich ut un kam ok friewillig nah Woren, üm dat Protokoll tau unnerschriewen!" As Barowski still schweg, gew Knaak denn' Wachtmeister an'e Dör ein Teiken. Dei verschwünn kort un kem mit 'n Kakpott in'e Hand wedder trügg. Barowski würd in denn' Momang 'n Schien blasser un gnagte fohrig an sien Fingelnagels.

„In dat Behältnis", un dorbi wieste Knaak up denn' Kakpott, „wat wi in Sei Ehr Koek unner dei Späul funnen hebben, stäkten 60 000 €! Bet Sünndag Nacht legen dei noch in ein Stahlkassett, dei Ramona Hagemann hürte. Dei Bewies dorför is ein lütt Stück Banderol, wat dei Deif in dat Kassettengeldfack woll oewerseihn hett un wat exakt tau ein Banderol von ein von dei säkerstellten Geldbünnel passt. Nu is bi Fru Hagemann oewer nich in- un dei Kassett nich upbraken worden, wat heit, dat dei Deif Schlöttel tau ehr Hus- un Wahnungsdör un ok för dei Kassett harr! Woans is hei tau dei Schlöttel kamen? Friewillig hett sei em dei woll nich uthännigt, güng ok gornich, denn as hei sick oewer dat Geld her makte, wier Fru Hagemann all minnestenst drei Stunn dod!"

„Nee, nee, nee, hier stimmt wat nich", unnerbrök Barowski Knaak, „woans dat Geld in mienen Kakpott kamen is, weit ick nich, dat hett mi einer unnerschaben, einer, dei mi wat an't Tüg flicken will!"

„Un wecker künn dat nah Sei Ehr Meinen woll wäst sin?" frög nu Rhode. „Von dat Geld wüssten, afseihn von dei Bankangestellten, ganz wiss blot drei Lüd wat: Ramona Hagemann, Karl-Friedrich Böhnke un Sei. Dei Dode kümmt nich in Frag. Böhnke harr sick von Sünnabend bet Mandagmiddag bi sien'n Fründ Uwe Krupske in't Hotel innist un dat twüschendörch ok nich verlaten. Dorför giwt 't Tügen. Af Mandagmiddag wier dei Wahnung von Ramona Hagemann versiegelt un dat Siegel is bet hüt heil un ganz! Böhnke kümmt dorüm ok nich in Frag. Un weckein bliwt nu oewer?" Barowski sackte in sick tausamen, sien Hänn bäwerten. Denn würd hei ruhiger, schweg oewer. Dei Kommissare täuwten af. Middenmal strakte Barowski sick oewern Kopp, as wenn hei sick Maut maken wull, kek stier vör sick dal un füng an tau räden:

„Ick wull nich mitmaken, man Böhnke, dei Düwel, sett'e mi un Ramona ümmer wedder tau. Böhnke is 'n Lögenbaron! Dat Ramona em verlaten hett, is bispillswies ok lagen, sei wier ümmer üm em rüm un hett je ok an't Wochenend mitmakt. Oewer dei Reih nah. As Ramona Charlie mit dei Fohrerflucht erpresst un em all 60000 € afknöpt harr, stellte hei mi gägenoewer fast, dat sei dormit ierst upholl'n würd, wenn sien Konten lerrig wiern. Un denn, Walter, säd hei, is dat mit uns' schön Läwen vörbi. Wi möten denn' Vampir los warden! Oewer dat reikt noch nich. Dei Kraftfohrer, dei mi un Ramona bi dei Fohrerflucht seihn hett, kann äbenso gefihrlich för uns warden. Dei möt, bet dei Sak verjährt is, ok ut 'n Weg! Ick hew nu 'n Plan, wieans wi dei twei Fleigen mit ein Klapp schlagen könn'n. Un denn hett Böhnke mi vertellt, woans dei aflopen süll. Hei harr vörrig Woch all in't Dörp Lichtenhagen utbaldowert, wo dei Kraftfohrer wahnt, dat dei jeden Sünnabend tau Disco geiht, un sogor, dat in denn' Haugklotz näben sien Husdör ein Biel stäkt. Denn hett hei Ramona vörflunkert, dat dei Kraftfohrer ‚Material' oewer denn' ‚Unfall mit Fohrerflucht' bi Penzlin sammelt un sei denn' Lockvagel spälen müsst, üm an dei Popieren tau kamen. Ramona harr ierst Angst, dat Franke sei erkenn'n künn. Böhnke makte ehr klor, dat sei je nu ein anner Hoorfarw hett un ehr Gesicht 'n bäten ümschminken künn. Ut Angst, dat sei mit dei Fohrerflucht upfleigen künn, hett Ramona tauseggt. Ick hew denn dei K.-o.-Druppen besorgt un in'e Nacht von Sünnabend tau Sünndag Böhnkes Plan ümsett. Gägen Middernacht kem Ramona mit Franke, dei bannig torkelte, ut denn' Landkraug. Ick harr mi intwüschen Handschen antreckt un oewer mien Schauh Fäutlings ut Plastik ströpt, dormit keinein Fingerafdrück orer Spuren von mi finn'n künn. Wi sünd denn mit Franke tau sien Hus schrägelt. As hei endlich dei Husdörschlöttel in sien Büxentasch funn'n harr un dormit an't Schlott rümfummelte, stünn Ramona achter em. In denn' Ogenblick hew ick ehr mit dat Biel up 'n Kopp haugt. Sei schlög vör dei Husdör lang hen. Ick hew ehr dei Handtasch afnahmen, bün tau mien Auto lopen un nah Hus führt. Alls anner weiten Sei je."

„Nich alls, denn 'n bäten wat fählt noch," hakte Knaak nah. „Wo hebben Sei dei Handtasch von dat Opfer laten?"

„Dei hew ick unnerwägens in ein Gebüsch schmäten!"

„Kann sin, is oewer wedder nich dei vulle Wohrheit, denn vörher hebben Sei je noch dat Schlöttelbund ut dei Handtasch nahmen, üm an dei 60 000 € tau kamen. Dat Geld wull'n Sei sick je partu noch unnern Nagel rieten. Man dorbi hebben Sei 'n groten Fähler makt. Mit dei Tiet harrn wi säker rutkrägen, dat Sei dei Deif wiern, man mit denn' Banderolenschnipsel güng 't orrig wat fixer un Sei hebben uns dormit ok up dei Spur von denn' Mürder in'n Fall Franke bröcht! Walter Barowski, ick verhaft Sei hiermit wägen …"

Jüst in denn' Ogenblick güng dei Dör up un Karl-Friedrich Böhnke stünn in Handschell'n up 'n Süll. Hei harr versöcht, mit sienen Jeep dat Grundstück tau verlaten, man vör dei Utfohrt parkten twei Polizeiautos quer. As hei sehg, dat ok an'n Bootssteg, wo sien Jacht leg, Uniformierte stünn'n, gew Böhnke up. Dei Beamten leggten em Handschellen an.

„Dei", bölkte Barowski, as hei Böhnke tau seihn kreg, „dei hett mi inräd, dat sien Plan waderdicht is un nienich wat von rutkamen künn!"

„Harr je ok klappt", schreg Böhnke trügg, „wenn du Döskopp bi mienen Plan bläben un nich so geldgierig wäst wierst! Un so'n Äsel as di, verspräk ick ok noch as Lohn för dei Hülp denn' Husmeisterposten bet an 't Läwensend!"

„Dat Sei sick, Böhnke, ut Arger oewer Ehr'n Kumpel tau dit ‚Geständnis' henrieten laten, harr 'k mi nich drömen laten! Dat ward Sei nu orrig 'n poor Johr achter Gitter bringen!", griente Römer un Knaak säd tau Barowski:

„So'n Verspräken as dat von Sei Ehrn Chef könn'n wi Sei ok gäben. Oewer bi uns heit dat läwenslänglich un in dissen Fall sogor mit Garantie!"

BLAGE BEERN UN RODE HOOR

Ganz in'e Nehg füll 'n Schuss. Vera Buck löt vör Schreck denn' lütten Plasteemmer fall'n un grep sick an 't Hart. In dat Unnerholt marachte wat up sei tau. Wat dor so wöltern ded, künn ein Kieler sin. Vera wull all achter 'n dicken Bomstamm Schutz säuken, as sei sehg, dat dor ein Minsch antorkelt kem. Dei makte noch ein'n Schritt up sei tau un schlög denn mank dei Bickbeernstrük lang hen. An'n helligen Dag all besapen, dacht Vera. Denn söchte sei ehren Emmer. Dei Strük harrn em sacht upfungen. Einen Meter von af leg dei ‚dune' Kierl: Dei Kleedung nah wier hei woll 'n Jäger orer Förster. Dat Fiernglas leg näben em, sienen Haut müsst hei verlur'n hebben. Dei spillerigen, griesen Hoor up sienen barsten Kopp wiern schweitnatt. Man wat wier dat? Sien Rock harr unnerhalw von'e rechte Schuller 'n groten roden Placken! Wier dat Blaut? Läwte hei noch orer wier hei dod? Veras Hart schlög as dull. Dei Angst schnürte ehr dei Kähl tau. Oewer wotau ok schriegen, weckein süll sei hier, deip in'n Holt, an ein'n Spätsommermorgen hüren? Sei müsst Hülp ranhalen, oewer sei harr kein Handy orer gor Smartphon. So fix as ehr söbentigjöhrigen Bein dat tauleten, löp sei tau ehr Fohrrad. Tau'n Glück kennte sei sick in'e Rostocker Heid gaut ut, wüsst, wohen sei führen müsst, un nähm denn' körtesten Weg. –

Bi Kommissar Werner Rhode von dei Rostocker Murdkommission klingelte dat Telefon. Hei stellte dat up lut, dormit sien Chef, Hauptkommissar Jörg Knaak, mithürn künn. Dei Anrop kem ut dat „Heide-Jagdschloss". Ein Kellner von't Schlottrestaurant wüsst tau berichten, dat em grad ein oll Fru tau faten krägen un em disse Geschicht vertell harr: Sei hürte bi't Bickbeernsammeln einen Schuss un 'n Ogenblick späder leg ein Jäger in sien Blaut vör ehr. Wat dei noch an't Läwen wier orer nich, künn sei nich seggen. Dei Fru, namens Vera Buck, wier twors bannig hiddelig wäst, makte oewer kein'n verwirrten Indruck up em. Dorüm harr hei furts dei SMH informiert un denn bi dei Kripo anropen.

„Mit weckern spräk ick grad?“ frög Rhode.

„Kurt Brinckmann is mien Nam.“

„Herr Brinckmann, blieben S’ noch ’n Ogenblick an’n Apparat.“ Rhode hüll mit sien Hand denn’ Hürer kort tau, tuschte sick mit Knaak ut un röp dornah tau denn’ Kellner dörch:

„Herr Brinckmann, wi maken uns gliek tau Sei up ’n Weg. Un seggen S’ dei Fru, dat sei up uns täuben sall!“ Vera Buck harr intwüschen Beamte von’e taustännig Polizeistation un dei Lüd up ein Rettungsfohrtüg akrat dei Stell beschräwen, wo dei „Gräunrock“ liggen ded. Dei Polizisten harrn denn’ Wegrand afsöcht, oewer kein’n Verletzten funnen. As Knaak un Rhode mit Fru Buck dor indrapen, melden dei Beamten dat un kieken bäten unglöwsch up dei Bickbeern-Sammlerin.

„Denken Sei, dat ick döschig bün?“, röp Vera Buck fuchtig. „Noch weit ick, wat ick hürt orer seihn hew!“ Ein bäten von’n Weg af stünn’n väl Bickbeerstrük. Up dei güng sei tau un röp:

„Kieken S’, dor steiht mien Emmer un twei Schritt wieder, wur dei Strük daldrückt sünd, hett hei lägen!“ Knaak un Rhode beögen dat Flach. Sehg so ut, as wenn ein Stell up dei Ierd twüschen dei ümknickt Twieg von Blaut rod farwt wier.

„Dit is wat för dei Spurensäkersch un Dr. Schmidt!“ Un dormit wieste Knaak dei Polizisten an, dei Städ tau bewachen, bet dei Lüd von’e Kriminaltechnik indrapen wiern. Denn wend hei sick Fru Buck tau:

„Sei hebben alls richtig makt, välen Dank ok! Mien Kolleg Rhode ward nu Sei Ehr Personalien un Adress upnähmen, villicht bruken wi Sei Ehr Hülp noch eins." Fru Buck nickt, man sei hett anner Sorgen:

„Un wat is mit mien Bickbeern? Dei Emmer is halw vull. Könn'n S' mi denn' nich ut dei Strük angeln?"

„Nee, dei Emmer möt dor noch as Bewiesstück blieben. Oewer wenn dei Sak hier afschlaten is", säd Rhode 'n bäten grotmulsch, „denn bring ick sülben Emmer un Beeren tau Sei nah Hus!"

Nahmittdags kek Dr. Schmidt mit Hella Kaminski von'e Spurensäkerung in'n Schlepptau kort bi dei Kommissare in. Väl harrn sei nich rutfunn'n: Wohrschienlich wier up denn' Jäger von dei Jagdkanzel ut schaten worden, dei föftig Meter wieder an ein lütt Lichtung in'n Holt steiht. Sei harrn dei Kanzel un denn' Busch rundüm nipp afsöcht, oewer nix Brukbores dorbi funn'n. Von dei Stell ut, wo em dei Kugel drapen hett, schausterte Dr. Schmidt nu tau, künn dat Opfer noch 'n poor Meter lopen. Up dei Ierd, wo hei lägen hett, hebben wi Blaut funnen, ganz säker minschlich Blaut. Nah sien Meinen künn hei sick ut eigen Kraft nich mihr von'e Stell bewägen, dortau harr hei all tauväl Blaut verlurn. Wenn hei man nich all in denn' Ogenblick afläwt is, as hei kort vör dei Fäut von dei Bickbeern-Sammlerin tausamenbraken is.

„Un hier, dat harr 'k binah vergäten", säd Dr. Schmidt tau'n Schluss, „is dei Emmer, denn' ick je mitbringen süll!" Up Knaaks Schriewdisch bimmelte dat Telefon. Hei läd denn' Hürer noch in't Upstahn trügg:

„Alls noch mal von vörn! Ein Urlauber, dei Poggenstäuhl säuken wull, hett in'e Rostocker Heid dei

Liek von ein'n Jäger funn'n. Oewer nich dor, wur dei Bickbeern stahn, sonnern nah Graal-Müritz tau. Polizisten säkern dat Rebeit af. Führt man all vör! Wi liefern intwüschen bi Fru Buck Emmer un Beeren af un bringen sei gliek mit."

Dei dode Jäger leg nich wiet von'n Weg af an'n Rand von ein lütt Lichtung. As Fru Buck em tau seihn kreg säd sei:

„Hei liggt hier akrat so, as mank dei Bickbeernstrük. Ick erkenn em an sien Kleedung, Fiernglas un denn' barsten Kopp. Oewer denn' Haut näben em hew ick vörher noch nich seihn!"

„Hartlichen Dank Fru Buck!", säd Knaak. „Schön dat Sei gliek tauseggt hebben, uns tau helpen. Wi bringen Sei nahst ok wedder nah Hus. Ick möt blot noch kort mit denn' Gerichtsmediziner un dei Fru von'e Spurensäkerung spräken." Dei beiden harrn nich väl Tiet, denn sei müssten ein grot Revier afsäuken un babentau wiern grad dei Spezialisten mit ehr vierbeinigen Kollegen, dei Spürhunn, indrapen. Knaak brukte gor nich tau dremmeln, vör morgen früh künn nix up sienen Disch liggen, so ehr einhellig Utkunft. –

Annern Morgen. Bi Knaak un Rhode seten all siet twei Stunn Fru Kaminski un Dr. Schmidt. Rhodes Indragungen up ein Kort von dei Rostocker Heid wiern mit Hülp von einen Beamer up dei Lienwand tau seihn. Hei stünn mit 'n Wiesstock dorvör:

„Ick versäuk eins uptautell'n, wat wi bether weiten: Ein Jäger ward morgens in'e Rostocker Heid dodschaten, nich wiet von't Heide-Jagdschlott af. Dei Mürder orer Mürderin hett em wohrschienlich von ein Jagdkanzel ut in 't Visier nahmen. Fru Vera Buck, dei taufällig in'e Nehg Bickbeern sammelt, hürt denn' Schuss un 'n Ogenblick späder bräkt dat Opfer vör ehr Fäut tausamen. Fru Buck will Hülp halen un führt mit ehr Fohrrad tau't Heide-Jagdschlott. As dei Polizisten, dei SMH un späder ok wi an dei Stell indrapen, is dei anschaten Jäger verschwunnen. Dat wi an'n richtigen Urt sünd, bewiest Fru Bucks Emmer, dei noch dor stünn, wur sei em vör Schreck fallen let. Twüschen dei Strük, wo dat Opfer lägen hett, kann Dr. Schmidt väl minschlich Blaut utmaken. Dat heit, ut eigen Kraft kann hei von dor kum weglopen sin, wohrschienlich wier hei tau denn' Tietpunkt sogor all dod.

Nahmiddags entdeckt in'e Rostocker Heid ein Pilze-Sammler einen doden Jäger up ein Lichtung twei Kilometer südlich von Graal-Müritz. Intressant is, dat dor ok ein Jagdkanzel steiht, an föftig Meter von dei Liek af! Disse Gegäbenheit süll'n wi in't Og beholl'n! Fru Buck kann nahwiesen, dat sick dat bi denn' doden Jäger üm dei sülwig Person hannelt, dei morgens in ehr Nehg tausamenbraken is! Dei Utwertung von Blautproben maken ehr Utsag säker. Dr. Schmidt kriggt bi dei Opduktion rut, dat dei Jäger dörch ein Geschoss ümkamen is, wat vermaudlich ut ein Jagdgewehr stammt. Dei Kugel hett ierst Rock, Brillenetui un einen Ledderbüxendräger dörchschlagen, denn dei Lung, bet sei in't Schullerbladd stäken blew. As hei mank dei Strük leg, wier hei all dod. Näbenbi, dei Jäger wüsst ok, dat Bickbeern gaut schmecken, hei harr weck in'n Magen.

Twüschen dei Fundstell ‚A', ick nöm dei eins Bickbeernstäd un dei Fundstell ‚B', mientwägen Pilzestäd, liggen quer dörch 't Holt soeben Kilometer. Wenn 'n dei Wäg dörch dei Heid nütten will, sünd 't sogor teigen! Kiekt juch dat hier up dei Kort eins an." Rhode hantierte dorbi mit denn' Wiesstock. „Dei ganze Gägend is von Hellas Spurensäkerungs-Lüd un sogor mit Hülp von Spürhunn afsöcht worden. Sei hebben oewer nich rutkrägen, woans dat Opfer von A nah B kamen is! Fru Buck wier wohrschienlich all mit ehr Fohrrad nah't Jagdschlott unnerwägens, as dei Mürder sien Opfer fünn un furts för denn' ‚Aftransport' sorgte. Worüm hett hei dei Plackerie up sick nahmen? Up jeden Fall süll vertuscht warden, dat von denn' Jagdsitz bi Fundstell ‚A' up denn' Jäger schaten worden is. Dei Mürder harr nu je dei Liek wegrümen, dat heit, unnerbuddeln orer in'n Diek versenken künnt. Dat makt hei oewer nich, sonnern leggt dei dütlich sichtbor an'n Rand von ein Lichtung bi Fundstell ‚B' af. Wotau dit Manöver? Ok up dei Frag, wecker dei dode Jäger is, giwt noch kein Antwurt. Hei harr kein Popieren bi sick, blot ein Schnuwdauk un ein'n Autoschlötel för 'n Mercedes in'e Büxentasch. Alls wat tau denn' Jäger hürte, Fiernglas un Haut hett dei Mürder nah dei Fundstell ‚B' transportiert. Oewer fählt dor nich wat? Geiht ein Jäger ahn Flint up Pürsch? Je, Fragen oewer Fragen, dor hebben wi noch orrig 'n poor Noet tau knacken!"

„Dat kannst lut seggen!" hakte Knaak in un besprök denn mit dei Kollegen, wat as Nehgst tau daun wier:

Dei Identität von denn' doden Jäger ruttaukriegen, harr Vörrang. Denn müsst utforscht warden, weckern dei Jagdkanzeln hürten. Dei kniffligst Upgaw oewer wier fasttaustell'n, wecker Personen, Urlauber, Spaziergänger, Jäger, Forstarbeider unsowieder sick gistern früh dor uphollen hebben, wur sick dat Drama mit dei twei Akte afspält hett. Knaak wull grad dei Updräg dortau verdeilen, as dat Telefon bimmelte. Hei stellte up lut un flusterte:

„Kellner Kurt Brinckmann von't Heide-Jagdschlott!"

„Wi hebben je gistern all miteinanner spraken", säd dei, „un dorüm rop ick hüt noch eins an. Mi is upfoll'n, dat dei ‚Mercedes G 500' von Dr. Ackermann von gistern früh an up unsen Parkplatz steiht. Dat is oewer nix Nieg's, dei steiht dor ofteins daaglang. Oewer süss kickt Dr. Ackermann ümmer bi uns in, spiest tau Middag orer Abend, drinkt ok giern eins mit sien Jagdfrünn 'n Rodspon un bliwt denn sogor oewer Nacht. Man ditmal hett hei sick nich seihn laten!" Knaak bedankte sick bi denn' Kellner:

„Gaut, dat Sei uns wägen Dr. Ackermann anropen hebben. Wi kieken uns denn' Mercedes gliek eins an un, wenn 't geiht, blieben S' noch so langen in't Jagdschlott, bet wi dor sünd!"

Dei Mercedes-Geländewagen stünn noch up 'n Parkplatz. Fru Kaminski halte dei Plastetüt mit denn' Autoschlöttel un sien Elektronikanhängsel ut ehr'n Kuffert un drückte up 'n Entriegelungsknop. Dei Lampen an dat Fohrtüg blinkten kort up. Dormit wier klor, dat dei SUV tau denn' doden Jäger hürt! As Knaak

Kellner Brinckmann dat interne Fahndungsfoto wiest, wat dei Spurensäkerung an'e Ünglücksstell in Saken „Jäger-Fall“ makt harr, fohrte dei tausamen:

„Dat is hei, dat is Dr. Ackermann un kein anner!“ Dat dei Mercedes Ackermann würklich hürt, stellte sick rut, as Fru Kaminski dat Auto unner dei Lup nähm. In't Handschenfack legen Breiftasch un Fohrtügpopier'n. Dei Kriminaltechnikerin schüddelte ehr'n Kopp:

„Wur kann ein Minsch blot so lichtfardig sin. Mi sall 't nich wunnern, wenn wi in'n Kufferrum ok noch sien Jagdgewehr un Munition finn'n!“ Man dei wier lerrig. Dorför harr dei Breiftasch dat in sick: Mihr as soebenhunnert Euro in Schiens, Visitenkorten, ok so'n för Banken un Geschäfte, dortwüschen sien Gesundheitskort un dei Personalutwies. Dornah wier dei Breiftaschen-Besitter Dr. Friedrich Ackermann, achtunsösstig Johr olt, 177 cm grot, wahnhaft in Bad Doberan. Knaak wier taufräden:

„Nu weiten wi wenigstens all, weckein dei Dode is. Werner, du führst tau Ackermanns Adress nah Doberan. Wenn hei verfriegt wier, versäuk, mit sien Fru in Kuntakt tau kamen, orer mit Lüd, dei em kenn'n. Ick ward mi up 'n Heide-Forsthoff 'n bäten schlau maken. Hella hett säker noch mit dat Fohrtüg tau daun. Nähmt juch Tiet. Wi drapen uns kort vör Fierabend noch eins in'e Deinststell!“

Rhode set all an sienen Schriewdisch, as Knaak indröp. Sei täuwten noch up ehr Kollegin Hella. Nahdem dei ok tau Stell wier, füngen sei mit ehr „Berichterstattungen“ an. Rhode harr dei Fru von denn' Doden, Irene Ackermann dei trurig Nahricht oewerbröcht. Dei müsst sick ierst dalsetten, kreg sick oewer fix wedder in'e Gewalt. Sei läwten twors noch unner ein Dack, hei baben in dei Villa, sei unnen, man süss güngen sei sick wägen siene välen „Wiewergeschichten“ all langen ut 'n Weg. Ackermann harr in Rostock Medizin studiert, promoviert un denn egalweg in Doberaner Klinken arbeid, tauletzt, bet tau sien Rent, in't „Moorheilbad“. Dei Frag, mit weckein von sien Jagdgewehre hei gistern früh woll losführt wier, künn sei fix beantwurten. In't Waffenschapp fählte dat beste un wiertvullste Stück, dei Drilling. Dat grotorrige, mit elegante Ziselierungen utstaffierte Jagdgewehr stammte noch ut DDR-Tieden, ein Sonneranfardigung mit „Carl-Zeiss-Jena-Zielfernrohr“ von einen „Büchsenmacher-Meisterbetrieb“ ut Suhl!

Knaak wier ok nich ahn Nieglichkeiten trüggkamen: Dei Jagdkanzel bi dei Bickbeernstäd hürt Dr. Ackermann. Dei anner, bi dei Pilzestäd, Heinrich Brunner, ein'n ehemaligen Immobilien-Makler ut Bremen, dei nu as Rentner in Ahrenshoop läwt. Intressant dortau wier, wat dei Häher in'e Rostocker Heid von'e Eiken krächzen: Dei beiden Kierls sünd sick „spinnefeind“, nahdem Brunner Ackermann bi einen Grundstücksverkop bannig oewer 't Uhr haugt harr.

Wenn 't üm denn' Ackermannschen Mercedes güng, harr Hella Kaminski ok wat Niegs tau berichten. Dörch dat Ümklappen von dei Autositze kriggt dei Geländewagen ein grot „Ladefläche“, dei oewer woll von sienen Besitter ihrer as „Spälwisch“ nütt worden is. In'e letzt Tiet möt sick Ackermann dor öfters mit ein Frugensminsch amüsiert hebben, wat dei välen, langen naturroden Hoor, dei sei oewerall in't Auto funnen hett, bewiesen. Oewer sei wull noch ein anner Sak los warden. Sei harrn sick noch eins dat ganze Revier nipp ankäken, wiel je ümmer noch dei Frag anliggt, wurans dei Liek von ‚A‘ nah ‚B‘ transportiert worden is. Sei sünd dörch besonnere Spur'n langs dei Wäg up ein Idee kamen. Dei „Heide-Reiterhof“ liggt nich wiet af. Von dor ut rieden dei Urlauber giern dörch denn' Holt. Väle Hufspuren wiesen nah, dat dat Geschäft gaut löppt. Künn 't sin, dat dei Mürder mit denn' Doden von ‚A‘ nah ‚B‘ räden is? Dormit wier denn ok klor, worüm dei Hunn ümmer wedder dei Spur verluren harrn.

„Mit ein Liek up 'n Pierd? Dei ganze Streck?“, röp Rhode verbast, „Nee, nee, dat kann 'k mi nich vörstell'n orer gor glöben. Wi hebben dat hier je nich mit ein Zirkusvörstellung tau daun!“

„Denk an, Werner, wat uns alls all unnerkamen is. Wenn wi Hellas Henwies nich nahgahn süll'n, künn 't ein Fähler sin. Is intwüschen spät worden, lat uns för hüt Schluss maken. Morgen früh drapen wi uns wedder hier, denn süll oewer ok Dr. Schmidt mitbi sin. Schönen Fierabend!“ –

Dei Sünn kröp in Rostock kort nah söss ut ehr nächtlich Versteck. Dat würd säker ein von dei schönen Spätsommerdag. Kommissar Knaak wier früh up dei Bein. Hei harr sick vörnahmen, as ierst in'e

Deinststell tau sin, üm sick oewer denn' „Jäger-Fall" an Hand von sien Upteiknungen noch eins Gedanken tau maken. Hei wull all Vörschläg prat hebben, wat hüt woans oewer dei Bühn gahn süll. Dr. Schmidt kem ein halw Stunn nah em in'e Dör. Knaak vertellte em, wat sei gistern noch rutfunn'n harrn. As Fru Kaminski un Rhode indröpen, wier dei Runn kumplett.

„So as 't utsüht, ward dei Dag hüt schön sünnig", füng Knaak an tau räden, „dat is so'n Dag, denn' man giern in'e Rostocker Heid verbringt. Ick lad juch tau ein Fohrt dorhen in. Oewer nich tau'n Bickbeernnaschen, sonnern tau einen Besäuk up 'n ‚Heide-Reiterhof'. Hella hett mi gistern Nahmiddag ein'n Floh in 't Uhr sett. Ick hew mi dorüm in't Internet ümkäken un bün up ein Inserat stött: ‚Willkommen bei Heino un Sylvia Graupner auf dem Heide-Reiterhof!' Kopien von dat Inserat liggen vör juch up 'n Disch. Un nu kiekt juch eins dat Foto von Sylvia Graupner an. Dat dralle Wief drägt lange, naturrode Hoor! So'n Frugenshoor hett Hella ok in Ackermanns Mercedas funn'n. Is dat 'n Taufall? Üm dat tau oewerprüfen, maken wi vörher 'n korten Stopp bi't Jagdschlott. Ick will mi dor noch eins mit denn' Kellner unnerholl'n. Süll dei mien'n Verdacht unnermuern, führn wi tau dei Graupners. Man ahn Dörchsäukungsbeschluss könn'n wi dor nich väl utrichten. Werner, helpt nix, denn' Weg tau'n Staatsanwalt möst du wedder eins gahn. Hebben wi dat Popier in'e Hänn, geiht dei Post af. Bet Werner wedder trügg is, maken wi ein Koffiepaus!"

Staatsanwalt Andreas Schwark hürte sich Rhodes Vertell'n an un säd:

„Leiw Herr Rhode, dat is ümmer datsülwig mit Sei un Knaak. Wenn ick nah Bewiese frag, kamen Sei mi mit Bukgefäuhl un Spürnäsen! Ick weit je, dat Sei gaude Kriminalisten sünd, oewer wenn son'n Aktion scheiw geiht, weckein möt dat denn utbaden? Weckern sien Nam steiht denn in'e Bläder?" Rhode versöchte, em tau begäuschen, un malte em ut, dat dat je ok anners kamen künn. Sei würden sick denn bi dei Pressekonferenz trüggholl'n, blot dat Nödigste seggen un hei künn sick orrig rutstrieken. Un mit so'n Meldung in'e Tiedingen: ‚Mord an Heide-Jäger in drei Tagen aufgeklärt!' würd hei wiss orrig Punkte sammeln! Knaak wüsst, worüm hei Rhode tau denn' Staatsanwalt schickt harr. Dei künn anner Lüd gaut Honnig üm 't Mul schmer'n un harr ok ditmal Erfolg dormit, denn hei kem grienend mit denn' Beschluss in'e Hand trügg.

Twei Deinstwagen, blot ein Polizeiauto, oewer ahn Blaulicht un Tatütata. Dei Ball müsst flach holl'n warden för denn' Fall, dat Knaak sick verkalkuliert harr.

Ierst führten sei tau't Jagdschlott. As Knaak Brinckmann dat Foto von dei rodhoorige Sylvia unner dei Näs hüll, wünn dei sick as 'n Maddick, dei up 'n Haken sall: Kellners un Gäst wiern sick hensichtlich „Schweigepflicht" ähnlich as Dokters un Patienten. Nahdem Knaak em oewer mit Falschutsag un Behinnerung von Ermittlungen kem, packte hei ut. Dr. Ackermann un Fru Graupner harrn ein „Verhältnis", binah all ein halw Johr lang. Ackermann stäkte em ümmer 'n groten Schien tau, wenn hei in 't Heide-Jagdschlott oewernachten ded un Brickmann dorför dei Fru von'n Riederhoff klammlies dörch dei Achterdör in 't Schlott let. Keinein süll mitkriegen, bi wän sei dor dei Nacht oewer wier. Wat dei Mann von Fru Graupner dorvon bether wat mitkrägen harr, wüsst hei nich.

„Na, dat ward sick je gliek rutstell'n", säd Knaak taufräden un tau Brinckmann:

„Sei hebben all naug Dreck an'n Stecken! Wenn Sei Ehren Job hier beholl'n will'n, kamen S' nich up dei Idee, Fru Graupner tau wohrschugen, dat wi tau ehr unnerwägens sünd!"

Dei Beamten stellten ehr Autos up 'n Parkplatz vör denn' Riederhoff af un bleben in ehr Fohrtüg sitten. Blot Knaak un Rhode güngen tau dat Anwäsen dörch dat breide Dur. Sylvia Graupner set bi ein Tass Koffie in ehr Frühstücks-Eck unner denn' groten Kastannbom gägenoewer von't Wahnhus. Dei Kommissare güngen up sei tau, wiesten sick ut un Knaak füll gliek mit dei Dör in 't Hus:

„Wi ermitteln in'n Murdfall Dr. Ackermann un gahn dorvon ut, dat Sei em kenn'n. Könn'n Sei uns 'n poor Fragen beantwurten?"

„Ja, ja, dat spräkt sick fix rüm, wenn hier in'e Heid ein Jäger dodschaten worden is. Man väl weit ick nich oewer denn' Mann, ick kenn em je blot von't Hürenseggen."

„Sooo? Un woans kann dat denn sin, dat wi rode Frugenshoor, wohrschienlich von Sei, in denn' Geländewagen von Dr. Ackermann funnen hebben? Un worüm hett Kellner Kurt Brinckmann Sei heimlich dörch dei Achterdör in 't Jagdschlott laten?"

„Üm Himmels Will'n", röp Graupnersch, „schwiegen S' still! Wenn mien'n Kierl dit tau Uhren kümmt, ward 'k mien Läwdag nich wedder froh! Dorüm möt dat unner uns blieben: Ja, Friedrich un ick hebben uns vör 'n halw Johr kenn'nlihrt un nahst ok miteinanner schlapen." Rhode schlög sick mit dei Hand vör 'n Kopp:

„Sünd Sei würklich so naiv? Intwüschen piepen dei Heidesparlings oewerall von't Dack, dat Sei dei niege ‚Beddhaas' von Dr. Ackermann sünd un grad Sei Ehr Mann, dei soväl unner dei Lüd kümmt un äbenweg in'e Heid tau daun hett, süll dat nich mitkrägen hebben? Oewer dat is je nich uns' Problem. Wi möten rutfinn'n, wecker up Ackermann schaten hett un ..."

„Mit denn' Murd hew ick nix tau daun, dat möten S' mi glöben!", unnerbrök em dei rodhoorig Sylvia, „worüm süll ick so'n galanten Lover wat andaun?"

Knaak verdreihte sien Ogen:

„Gaud, dor kamen wi villicht späder noch eins up tau spräken. Is Sei Ehr Mann ok tau Hus un, wenn ja, wo finn'n wi em?" Fru Graupner wieste nah denn' Pierdstall roewer, schlög ehr Hänn vör 't Gesicht un füng an tau hulen.

Heino Graupner verfierte sick bannig, as dei Kommissare em ehre Deinstmarken wiesten. Von denn' Dörchsäukungsbeschluss makten sei noch keinen Gebruk.

Graupner würd fohrig un orrig wat blasser, nahdem Knaak em up 'n Kopp tau säd:

„Herr Graupner, wi sünd wägen denn Murd an denn' Jäger Dr. Ackermann hier. Dei Sak is so: Denn Doden hebben wi vörgistern je up dei Lichtung bi dei Jagdkanzel von Heinrich Brunner funnen, oewer von sien Jagdgewehr fählt jedein Spur. Dat is ein tämlich düer Stück. Ackermanns Fru hett uns 'n Updrag gäben, denn' Drilling uptaudrieben. Sei kamen doch väl rüm, hürn dorbi je ok dit un dat, villicht könn'n Sei uns in disse Sak helpen orer 'n Tipp gäben?"

Graupner harr Angst, dat wier em antaumarken, hei versöchte liekers denn' Unbedarwten tau spälen:

„Ja. süss kümmt mi je allerhand tau Uhren, man wur Ackermanns Drilling afbläben sin künn, weit ick ok nich. Oewer wenn mi wat taudragen warden süll, meld ick Sei dat giern."

„Schön, dat wier 't denn all", säd Knaak un sett'e alls up ein Kort: „Ein Frag hew ick oewer noch. Sei sünd doch 'n Fachmann. Seggen S' mi eins: Können Dode rieden?" Graupner wüsst gliek, wat dei Frag tau bedüden harr. Einen Ogenblick lang schwankte hei noch twüschen ahnungslos daun un taugäben. Oewer denn rümte hei ein Persenning tau Siet, trök twüschen poor Strohballen denn' Drilling rut un säd:

„Ick wull Ackermann nich ümbringen, ick kann Sei dat alls verkloren, dat wier ein Unfall!" Knaak nickte em tau:

„Wi spräken naher in uns' Deinststell oewer denn' grugeligen Morgen. För 't ierst sünd Sei fastnahmen!"

Rhode harr intwüschen dei Kollegen von'n Parkplatz tau'n Pierdstall beordert. As dei indröpen, verwohrte Fru Kaminski dat Jagdgewehr in ein'n Plastesack. Dei Polizisten nähmen Graupner in'e Midd un führten em af. Sylvia Graupner kek mit glasig Ogen achter dei Grupp an, as dei denn' Hoff verlet. –

Dei Kommissare harrn näben dat Mikro för Heino Graupner einen Pott Koffie up 'n Disch stellt. Villicht würd sien Tung lichter, wenn hei bi sien Geständnis af un an eins 'n Schluck nähmen künn. Denn füng dei Mann an tau räden, langsam, as wenn hei sülben kum begriepen künn, worüm hei Schuld an denn' Dod von ein'n Minschen harr:

Dat Dr. Friedrich Ackermann oewer ok Heinrich Brunner an denn' Morgen tau ehr Jagdkanzeln upbraken wiern, wüsst hei von'e Forstlüd. Hei wier mit sien Pierd unnerwägens un hett dat twintig Meter von Dr. Ackermanns Hochsitz af an einen Bom bunnen. Ackermann wull hei wägen dat Verhältnis mit sien Fru 'n Fellvull haugen. Oewer dei Kanzel wier lerrig. Man wiet weg künn dei Besitter nich sin, denn sien Drilling wier noch baben. As hei dat Jagdgewehr tau seihn kreg, kem hei up dei malle Idee Ackermann mit dat ‚Zielfernrohr' in'n Busch tau säuken. Hei nähm denn' Drilling tau Hand un sehg dörch 't Ruhr, dat Ackermann up 't anner End von'e Lichtung bi't Bickbeernnaschen wier. Ut ‚Spaß' hett hei up em anleggt un afdrückt. Ierst as dei Schuss sick löste, würd em klor, dat dei Drilling nich säkert wäst wier. Hei wüsst tau dei Tiet oewer noch nich, wat hei Ackermann drapen harr orer nich. As hei em mank dei Bickbeernstrück in sien Blaut fünn un faststellte, dat hei dod wier, kreg em Panik tau faten. Hei halte sien Pierd, stoppte denn' Doden sien Hemd unner denn Rock, dormit dat Blaut stoppt würd, sett'e sick Ackermanns Haut up, hüng sick dat Fiernglas üm denn' Hals un denn' Drilling oewer dei Schuller. Wurans hei dei Liek up dat Pierd krägen hett, weit hei nich mihr, is denn oewer mit ehr furtsens tau dei Lichtung vör Brunners Kanzel räden. Dor hett hei denn' Doden henleggt, nahdäm hei sick vergewissert harr, dat Brunner nich mihr in't Revier wier. Wieldat Brunner un Ackermann sick bekanntlicherwies nich gräun wiern, künn 't je so utseihn, as wenn dor ein Ganov denn' annern ümleggt harr. Dat hei Ackermanns düern Drilling nich tau dei Liek leggt hett, sonnern em unner dei Hand verschüern wull, is ein Fähler wäst. Heino Graupner schweg langen. Denn stellte hei noch ein Frag:

„Von weckern weiten Sei eigentlich, dat ick mit denn' Doden dörch dei Heid räden bün? Dat mücht ick doch giern weiten!"

„Up dei Frag hew 'k all luert", säd Knaak. „Keinein hett Sei an denn' Vörmiddag in'e Heid rieden seihn! Dörvör hebben wi kein'n Bewies. Uns' wichtigsten Indizien hebben wat mit Blage Beern un rode Hoor tau daun." Graupner kek unglöwsch von einen tau'n annern. Hei kreg keinen Klauk in Knaaks Würd. As Rhode em upklärt harr, füng Graupner schrill an tau lachen:

„Blage Beern un rode Hoor hebben mi dat Knick braken? Hahaha, Blage Beern un rode Hoor! Blage Beern un rode Hoor ..."

GLAMIRA-RING UN ROLEX-KLOCK

In't Rostocker Volkstheoter harrn sick Rudolf Peters un sien Fru sünndags „Frau Luna" von Paul Lincke ankäken. Tau Hus wull'n sei denn' schönen Abend bi ein Glas Wien utklingen laten. As Peters mit sienen „Eco-Sport" von'e Stadtautobahn nah'n Schmarler Damm afbögen wull, sehg hei in't Afblendlicht grad noch rechttiedig ein'n Minschen an'n Rand von dei Fohrbahn liggen. Kort vör denn' kreg hei dat Auto tau'n Stahn. Peters bedüdte sien Fru in't Auto sittentaublieben. Hei drückte up denn' Warnlüchten-Knop un halte sien Taschenlamp ut dat Handschenfack. Dei Person vör em rögte sick nich. In denn' hellen Schien von sien LED-Lamp künn Peters utmaken, dat dor ein Kierl leg, dei kein ierst Hülp mihr nödig harr. Hei stippte up sien Smartphon 110 in. Dei Ordnungshäuder wiern schnell tau Stell un sparrten dei rechte Autobahnspur. Bi denn' Doden würden kein Popier'n, oewer ok nix anners funn'n, all Taschen in Mantäng, Jack un Büx wiern lerrig. Nah ehr Utsag un Upnahm von Personalien, künn'n Peters un sien Fru wiederführ'n.

„Denn' Abend harr 'k mi anners vörstellt", säd Hauptkommissar Jörg Knaak von'e Rostocker Murdkommission tau sienen Kollegen Kommissar Werner Rhode, dei grad an'e Unfallstell ankamen wiern. Sei parkten ehr Auto näben dat von dei ‚Witten Müs'. Hella Kaminski von'e Spurensäkerung un Gerichtsmediziner Dr. Joachim Schmidt harrn ehr Arbeid all upnahmen. Soväl künn'n sei för 't ierst seggen: Dei Dode leg noch nich langen up dei Strat. Wohrschienlich wier hei von ein grötteres Fohrtüg an- orer oewerführt un dornah an'n Stratenrand schleudert worden. Öller: dörtig bet viertig Johr, möglicherwies 'n Utlänner.

„Alls anner späder, oewer nich vör morgen Nahmiddag!" röp Dr. Schmidt dei Kommissare nah, dei ielig in ehr Auto stegen, üm wenigstens noch 'n poor Stunn Schlap tau kriegen. –

Hella Kaminski un Dr. Schmidt täuwten in'e Gerichtsmedizin all up Knaak un Rhode. Dei Autobahn-Dode leg up 'n Sezierdisch.

„Wullt ji ierst 'n Koffie drinken orer späder?", frög Dr. Schmidt.

„Nahsten", säd Knaak, „ierst dei Arbeid, denn dat Vergnäugen, wecker fangt an?" Schmidt nickte Hella Kaminski tau. Dei kröchste kort up un gew Bericht:

„Obschonst up dei Autobahn gistern Abend noch väl Fohrtüg unnerwägens wiern, könn'n wi doch noch 'n bäten wat vörwiesen. Unner dei Schauhsahlen von denn' Doden hebben wi kein Spuren von Asphalt funnen, sonnern Textilfussel, dei tämlich säker von PKW-Fautmatten stammen. Hei is dorüm wohrschienlich nich oewer dei Autobahn lopen, as em ein 'n LKW anführt hett, sonnern leg orer set up dei Fohrbahn. Woans is hei dor henkamen? Entweder is hei ut ein'n führenden Kraftwagen rutsprungen orer rutstött worden. Ick glöw ihrer, dat hei dat Auto nich friewillig verlaten hett. Dorvör spräkt, dat dei Mann nix bi sick harr, womit wi em identifizieren künn'n. Dat süht so ut, as wenn hei up dei Autobahn ‚entsorgt' worden is. So'n Brutalität is je von Rivalitäten in'n Drogenhannel bekannt. Villicht hett disse Fall ok wat dormit tau daun? Dorüm kümmt naher noch ein Kolleg mit 'n Suchtmittelspürhund. Denn' will'n wi eins an denn' Doden sien Kleedasch schnüffeln laten. Apropos Kleedasch, dei Anputz von dat Opfer wiest up hen, dat hei 'n Utlänner sin künn. Hei drög blot fienste italjensche Markenwor, so'n, dei 't in Rostock nich tau köpen giwt! Intressant is ok, dat dei Obduktions-Resultate von'n Dokter un uns' Ergäwnisse sick gaut ergänzen. Dat wier 't von mien Siet ut. Nu hest du dat Wurt, Jochen." Dr. Schmidt wieste up dei Liek:

„Hier, mank dei Hoor hett dei Mann 'n düchtigen Brusch. Wohrschienlich is hei mit 'n Schlag up 'n Hinnerkopp bedöwt worden. Dornah hett dei Täter em sien privaten Saken afnahmen. Dat kann bispillswies up 'n Parkplatz passiert sin. Dei Kraftwagen, tämlich säker 'n PKW, von denn' hei kort för dei Utfohrt tau'n Schmarler Damm ‚aflad' worden is, wier in Fohrt. Dorbi is dei Mann up 'n Hinnelsten foll'n un noch 'n Stück oewer dei Fohrbahn rutscht, wat dei Prellungen an'n Steiß un sien afschüert Kleedung bewiesen. Dörch dei Weihdag is hei woll tau sick kamen un möt up dei Fohrbahn setten hebben, as ein LKW em an'e rechte Körpersiet tau faten kreg un an'n Stratenrand schleudert hett. Dei Verletzungen dörch denn' Upprall wiern so grot, dat hei doran storben is. Dat is gistern Abend gägen elben wäst. Kann sin, dat dei LKW-Fohrer dei Person in'n Düstern nich seihn un von denn' Unfall gor nix markt hett. As ick gistern all schätzt harr, hannelt sick dat üm einen dörtig bet viertig Johr ollen Mann. Hoorfarw un Utseihn laten denn' Schluss tau, dat 't 'n Italjener sin künn, as Hella vermauden deit." Rhode kek benaugt tau Knaak roewer:

„Mit dei Henwies fang nu einer wat an. Wi möten tau Lösung von denn' Fall woll noch ein Wohrseggersch instelln!" Knaak griente:

„Bruken wi nich, wi hebben je Hella un Jochen un weiten, dat dei ut Kauhschiet Bonbon maken könn'n. Wenn dat Angebot noch steiht, Jochen, denn würden wi in dien Büro nu giern 'n Koffie drinken!"

So as dei Koffiepött dampten ok dei Köpp in'e Runn.

„Ahn tau weiten, weckein dei Dode is, kamen wi nich wieder. Wenn keinein em as vermisst mellt, möten wi nah em fahnden. Kannst du ein Aflichtung von denn' Doden sien Visasch maken, wenn 't geiht 'n bäten retuschiert, ahn dei Schramm'n un Prellungen?" frög Knaak Hella Kaminski. Dei harr all Vörpahl schlagen:

„Is längst fardig. Mail ick di gliek up dienen PC!" Mit dei Faststellung, dat Morgen je ok noch ein Dag is, führten dei Kommissare nah Hus. –

Wiel in Rostock un Ümgäbung kein „Italiener" vermisst würd, let Knaak nah twei Daag dat Bostbild von denn' Autobahndoden in'e Medien mit dei Anmarkung wiesen, dat 'n sick bi jedein Polizeideinststell mell'n künn, wenn 'n wat oewer dei aflicht Person wüsst. Dei Kommissare harrn ehr Hoffnung binah all upgäben, as dei Kollegen ut Warnemünn dörchklingelten, dat ein bannig upfidummt Frugensminsch bi ehr up dei Wach set, dei angew, dat sei denn' Minschen up dat Foto kenn'n würd. Wieldat dei Dam 'n bäten pütrig deit, wier 't schön, wenn dei Kommissare fix nah Warnemünn kamen künn'n.

Ein halw Stunn späder seten sick dei Beamten un dei upfällig kleed Fru gägenoewer. Rhode wüsst gliek, weckerein up dei anner Siet von'n Disch Platz nahmen harr: Olivia Wilken-Krohnbauer, Berliner Schauspälerin un Filmdiva, dei vör 'n Johr ein grot Villa in'e Warnemünner Parkstrat köfft harr un von dei Tiet an dor ok wahnte. All dat tellte sei ok up, as sei sick vörstellte, dormit ehr Gägenoewers gliek wüssten, wän sei vör sick harrn. Ahn dat dei Kommissare nahfragen müssten, kem sei up dat Foto in'e ‚OZ' tau spräken:

„Dat is Emilio Galati, denn' ick vör söss Johr bi ein Gastspill in Palermo kenn'nlihrt un mit nah Dütschland nahmen hew. Sietdem läwt hei bi mi. Ick kam för sien'n Läwensunnerholt up, oewer wi sünd wi kein Ehepoor! Hei is mien ‚Sex-Partner', wieder nix. Emilio hett in mien Villa sien'n eigen Bereich. Wenn ick em nich grad bi mi in't Bedd hebben will, kann hei maken, wat hei will. Dat wullen Sei doch hür'n, orer? Hett hei wat anstellt? Ümsüss säuken Sei je nich nah em." Dei Kommissare wiern baff. Knaak fünn as ierst dei Sprak wedder:

„Wat Sei Ehr Emilio dräwen orer dan hett, weiten wi nich, hei is dod!" Un denn vertellte Knaak, ünner weck Ümstänn hei vör vier Daag up dei Rostocker Stadtautobahn abends ümkamen is. Olivia Wilken-Krohnbauers Sülwstsäkerheit wier hen. Dei Fru sackte in sick tausamen un füng jämmerlich an tau hulen. Emilio wier woll doch mihr as blot 'n Sex-Partner wäst, denn „spälen" ded sei ehr Truer nicht. Dat duerte orrig 'n Tiet, bet sei sick fungen harr un wedder antauspräken wier. Väl kem oewer nich bi rut: Emilio wier tauverlässig un akerat. Wenn hei dagsoewer utgahn wull, mellte hei sick af, kem abends oewer ümmer wedder nah Hus. Tweimal in't Johr führte hei för teigen Daag tau sien Verwandten nah Sizilien, dei Reiskosten spendiert sei em. Vör drei Daag harr hei sick wedder tau so ein Reis verafschied. Normalerwies würd hei je fast twei Wochen wegblieben. Oewer as sei sien Bild in'e Zeitung sehg, wier ehr klor worden, dat wat passiert sin müsst. Up Rhodes Nahfrag nah Öller un Besonnerheiten säd sei:

„Emilio is vierundörtig Johr olt un hett italjensche un dütsche Staatsangehürigkeit. Hei drög stats Ehering ümmer einen wiertvullen ‚Glamira'-Ring mit gäle Diamanten up 'n Ringfinger un an'n Arm ein düer Schweizer ‚Rolex'. Woans dat mit sien Verwandtschaft in Italien utsüht, weit ick nich, dat hett mi ok nienich intressiert." Rhodes Smartphon piepte. Hella Kaminski gew dörch: Dei Spürhund harr bi't Schnüffeln an dei Kleedung von denn' Autobahndoden nich reagiert. Oewer an dei Liek, un twors an beide Hänn, zeigte hei Drogen an. Rhode flusterte Knaak disse Nieglichkeit tau. Dei räusperte sick kort un säd, as hei sick wiss wier, dat dei „Diva" em tauhürte:

„Wi würden uns giern Herrn Galatis ‚Bereich' in Sei Ehr Villa ankieken. Dorbi müchten wi ok ein'n Spürhund insetten. Schön wier 't, wenn Sei inwilligen un sick nich quer leggen würden. Wenn Sei jetzt nich taustimm'n, bruken wi ein'n Dörchsäukungsbeschluss. Denn' kriegen wi up jeden Fall, dat duert oewer 'n bäten un treckt sick unnödig in'e Läng."

„Einen Spürhund? Oh Gott, ok dat noch! Naja, Sei warden je Ehr Grünn dorför hebben. Mientwägen, ick hew nix tau verbargen un bün froh, wenn unangenähm Saken fix achter mi liggen. Oewer Sei möten mi vermpräken, dat dat verschwägen aflöppt! Nich dat sick dei Lüd naher ehr Tung oewer mi wetzen!"

„Fru Wilken-Krohnbauer, wi sünd doch kein Anfänger nich. Dat organisier'n wi so, as wenn 't sick üm einen privaten Besäuk bi Sei hannelt", versprök Knaak.

Wahn- un Schlaprum von Emilio Galati strahlten schlichte Eleganz ut. Soväl sei ok söchten, bether harr dei Spurensäkerung un dei Spürhund nix funn'n, wat sei intressier'n künn, kein Popieren, kein Utwiese orer Bankunnerlagen, rein nix! Hella Kaminskis letzt Hoffnung wier dei afschlaten eiken Schriewdisch in'n Wahnrum. Dei vierbeinig Helper löp tau dat Möbelstück, blew för dei linke unnerste Schuwlad stahn un zeigte an, dat hei wat upspürt harr. Dat einfache Schlott wier licht uptaukriegen un dat lude „Bingo!" lockte Knaak un Rhode an. Dei trugten ehr Ogen kum: In dat unnerste Fack legen drei Plastetüten vull mit witt Pulver un ein Schuwlad höger stapelten sick vör ein digital Grammwaag lütte Plastetüten, lerrige un vulle. Dei Kommissare keken Hella Kaminski an. Up dei Fragteiken in ehr Ogen kregen sei ok gliek ein Antwurt:

„Hier liggt ein Vermögen! Dei Farw nah hannelt sick dat üm Heroin. Dat ward sick in't Labor rutstell'n. Wohrschienlich hett Galati dat Tügs von einen Grothändler betreckt, grammwies afwaagen un denn verhökert. Dei Saken hier bewiesen: Emilio Galati wier nich blot dei Galan von Fru Olivia Wilken-Krohnbauer, hei wier ok ein Dealer! Wi laten alls so, as wi dat funn'n hebben, denn nu möt iersteins dei Drogenfahndung wiedermaken. Bet dei kamen, bliew ick hier un kiek nahst oewer dei ehr Schullern." Rhode kek Knaak lurig an:

„So, nu stiegen dei Rauschgift-Kollegen ok noch in 't Boot. Dat kann för uns' Arbeid orrig wat komplizierter warden. Wat meinst Jörg?" Dei säd kein Wurt. Em harr 't dei Sprak verschlagen. Ein'n Doden wägen Heroinhannel in Rostock!? –

Knaak füll ein Stein von't Hart, as dei öllere Hauptkommissar Erwin Pagels annern Dag bi ehr in'e Deinststell up 'n Süll stünn. Mit dei „Jungschen Wilden" ut dat Drogendezernat harrn hei un Rhode nich väl an'n Haut. Pagels hürte tau dei „Ollen Fahnder-Haasen". Sei kennten em un wüssten ut Erfohrung, dat 'n mit denn' ruhigen, ümsichtigen Beamten gaut tausamenarbeiden künn. Nahdem Pagels afleggt harr un dei Koffiepott vör em stünn, kem hei ok gliek tau Sak:

„Ick will juch oewer denn' Stand in Saken ‚Drogen-Galati' unnerrichten un denn mit juch beraden, woans wi bi denn' Fall wiederkamen künn'n. Wi sünd uns säker, dat wi dei oewerkandidelt Theoter- un Filmollsch bisiet laten könn'n. Dei hett je blot ‚dat eine' in'n Kopp, oewer nix mit Drogen in'n Sinn, all gor nich mit Drogenhannel. Ganz anners süht dat bi ehr'n ‚Beschäler' ut. Oewer dei Reih nah. Mien Lüd hebben gistern mit juch Fru Kaminski Galatis Wahnrüm noch eins up'n Kopp stellt, ahn wat Nieg's tau finn'n. Ok dei Schuwladen in'n Schriewdisch wiern, bet up dei mit Drogen un dat Taubehür, lerrig. Dat heit, alls, wat Galati an Popier'n brukte, möt hei ümmer ‚an'n Mann' hadd hebben. Up dei ein Siet wier hei dornah bannig vörsichtig, up dei anner Siet, mit dei Drogen in'n Schreiwdisch, orrig flusig. Hei möt sick in dei Villa mächtig säker fäuhlt hebben. Hängt woll ok dormit tausamen, dat in sien ‚Gemächer' keinein wat tau säuken harr, ok nich dei Putzfrugens. Un wenn sien Chefin wat von em wull, röp sei em tau sick, güng oewer nie tau em. Dorüm wier hei sick ok wiss, dat nüms bi sienen Schriewdisch gahn un näben dat Heroin ok denn' Markzettel finn'n würd, denn' hei unner dei Grammwaag kläwt harr. Hei möt ein schlicht Gedächtnis för Tahlen hadd hebben, denn so'n Fähler maken Profis süss nich! Dordörch weiten wi oewer nu, dat hei as ‚Hannelskopmann' ein Konto bi dei Dütsche Bank harr. Dor würd orrig wat an Moneten twüschen Rostock un Palermo hen un her schaben, wohrschienlich Geld, wat hei mit dat Rauschgift innahmen hett. Woans dat Heroin tau em nah Rostock orer gor nah Warnemünn kamen is, weiten wi nich. An wän hei denn' ‚Stoff' hier verhökert hett, weiten wi ok nich, noch nich. Dei Drogenmafia, för dei hei dealt hett, schient ehr Quartier in Palermo tau hebben. Dor lopen woll ok alle Fadens tausamen. Uns' italjenschen Kollegen hebben wi informiert, oewer noch kein Antwurt krägen. Wat is nu för juch as Murdkommission dorvon intressant?" Erwin Pagels grep tau'n Koffiepott, nähm 'n orrigen Schluck un säd nahdenkernd:

„Ick glöw nich, dat Drogenbosse ut Palermo Galati ümbringen leten. Worüm? Hei hett ümmer pünktlich ‚liefert' un ein Kauh, dei orrig Melk giwt, ward nich afstäkt. Mien Buk seggt mi, dat wi denn' orer dei Mürder hier in uns' Ümfeld säuken möten. För dat Geld, wat hei mit dat Heroin innahmen hett, kann 'n süsswat köpen orer 'n orrig tietlang up 'n groten Faut läwen! Möglicherwies hett einer von sien Unnerhändler, Afnähmer orer Dealer mitkrägen, mit wurväl ‚Schotter' hei grad nah Sizilien führen wull? Dor schlöggt männigein ut Gier all eins tau! Oewer so'n Lüd sünd mihrst kein Profis, waschen dat Geld nich, sonnern gäben dat fix wedder ut. Ierst holl'n sei sick twors 'n bäten trügg, oewer denn schmieten sei mit denn ‚Zaster' üm sick un spälen giern denn' ‚Lebemann'. Wi kenn'n je uns' Pappenheimer. Ick schlag juch vör, dat wi dei 'n bäter nehger unner dei Lup nähmen. Mien Lüd spingelieren dat ut un bereiden ein List vör. Wenn 't sowiet is, gäw ick juch Bescheid un denn könn'n wi je eins up 'n Busch kloppen!"

„Dat 's 'n Wurt!", röp Knaak un Rhode nickte biplichtig. „Un nu hür tau, Erwin, wi hebben ok noch 'n Ass in'e Hinnerhand: Dei Dode drög ümmer ein'n wiertvullen ‚Glamira'-Ring mit gäle Diamanten un eine düre Schweizer ‚Rolex‘! Schmuck un Klock sünd em je afnahmen, oewer bestimmt nich in ’n Stratengraben schmäten worden. Mi sallt nich wunnern, wenn dei bald unner dei Hand anbaden warden. Wenn wi dor Wind von kriegen künn’n, wier ’t gaut!“ Dei Kommissare trennten sick halwwegs taufräden. Drei Daag lang let Hauptkommissar Erwin Pagels nix von sick hür’n, man denn oewerschlögen sick dei Begäwnisse. –

Nah dat Motto: Ein Hand wascht dei anner, güngen Kommissar Erwin Pagels un sien ‚Gewährsmann‘ Peter Brockmann miteinanner üm. Brockmann, dei in ein Gornhus an’n Rostocker Stadtrand läwte, set wägen Drogendelikte un Hehlerie ’n poor Johr, wier dornah oewer nich mihr upfällig worden. Pagels harr em hulpen, nich wedder rückfällig tau warden. Liekers wüsst Brockmann ümmer noch recht gaut, wat in dei ‚Szene‘ grad lopen ded. Hei harr Pagels all männig ein’n Wink gäben, oewer nu wünn hei sick as ’n Aal in’e Reus:

„Hoffentlich hett keinein seihn, dat Sei tau mi in’n Gorn kamen sünd! Ick künn bannigen Arger kriegen, denn siet Daagen kieken sick Dealer un Köper gägensietig schulsch an. Siet Galatis Dod brennt dei Luft! Hett je ümmer eins Schlägerien un bläudig Näsen gäben, oewer noch nie nich ein’n Doden. Un ick mücht nich dei Nehgst sin, denn’ dei Mafia ümleggt!“ Werner Pagels würd hellhürig:

„Wecker hett denn von Galatis Dod vertellt un wat sall dei Mafia dormit tau daun hebben?“ Brockmanns Ogen flackerten:

„Tau Gesicht hebben dei mihrsten Galati nich krägen, blot sien engsten Vertrugten, oewer mit sienen Namen wüssten sei all wat antaufangen. Wenn einer Stoff orer Moneten brukte, hett dat heiten: Wi spräken mit Emilio, dei kriggt dat hen. Dei Nahricht oewer sien'n Dod un dat dor dei Mafia achter stäkt, hett sick dorüm as 'n Lopfüer utbreid!" Pagels bohrte nah:

„Gaut, mi würd intressier'n, wur ick dei Vertrugten von Galati finn'n künn." Brockmann schüddelte sienen Kopp:

„Glöben S' mi Herr Pagels, ick weit dat nich. Galatis Vertrugte kenn'n blot ganz wenig Lüd un tau dei tell ick nich! Oewer wenn Sei mi verspräken, dat sei sick nich länger bi mi upholl'n un wieder kein Fragen stell'n, denn hew ick noch 'n Tipp!" Pagels nickköppte.

„Ein von dei Jungschen, dei sick abends öfters in'e Wallanlagen drapen, hett von ein'n ‚Osteuropäer' vertellt, dei dor 'n Diamantring un ein Rolex verschüern wull. Obschonst dei Kierl ümmer wedder up henwiest harr, dat dat Arwstücke wiern, hett keiner anbäten, mihrst beiden so'n Lüd je ok blot Fälschungen an!" Pagels wüsst, dat Brockmann von nu an schwiegen würd, hei winkte em tau un verlöt dei Gornanlag. Up denn' Weg tau sien Auto röp hei bi dei Murdkommission an:

„Ick wier grad bi ein'n ‚Gewährsmann', dei sick in'e Drogenszen utkennt. Väl hew ick nich rutkrägen, oewer hei hett mi 'n Wink gäben. Doroewer mücht ick mit juch räden. Ick künn in'e halw Stunn bi juch sin! Klappt? Gaut, bet naher!" Knaak un Rhode wiern ganz Uhr, as Pagels von denn' Tipp vertellte. Knaak grüwelte lut oewer dat Hürte nah:

„Dat mit denn' Ring un dei Klock is säker kein Taufall. Oewer dei Mürder ward doch nich so dömlich sin un versäuken, Bewiesstücke in Rostock tau verhökern, dei em schwor belasten könn'n. Hei weit doch, dat dei Polizei em hier söcht! Dorüm glöw ick, dat disse Osteuropäer nix mit denn' Murd tau daun hett. Oewer woans is hei tau denn' Schmuck kamen?" Rhode ded so, as wenn hei mit sien Hand wat griepen wull:

„Zappzarapp!" Pagels griente un Knaak frög:

„Wiel von'n Osteuropäer dei Räd is, kümmst du uns gliek mit Russisch? Klor, dei Russen sünd je an alls Schuld. Oewer Spaß bisiet. Du künnst recht hebben Werner, dat dei Kierl Ring un Klock klaut hett. Dor kriegen wi oewer ierst Klauk in, wenn dei Osteuropäer, mientwägen ok Deif, vör uns sitt. Denn' Kierl süll'n wi nu fix tau faten kriegen. Liekers möten wi sinnig tau Wark gahn. Up kein'n Fall dörben wi dei Pierd schug maken, süss kieken w' in'e Rühr!"

Abend för Abend würden nu dei Wallanlagen scharp oewerwacht. Man dei Schmuckhöker let nix von sick seihn orer hür'n. Hei müsst anlockt warden, blot woans? Pagels besöchte nah drei Daag noch eins Peter Brockmann. Hei künn em nah langen hen un her tau'n bäten Hülp oewerräden. Brockmann let, ahn dat sien Nam erwähnt würd, unner dei Dealer verbreiden, dat ein Gold-Upköper sick för denn' Schmuck intressier'n ded. Andrapen künn 'n em gägenoewer von Wallingang an't Kröpeliner Dur von Klock nägen an. Tau erkenn'n wier hei an ein'n schwatten Kremphaut mit 'n blag Fedder. –

Dei Kommissare harrn je leiwer hüt as morgen tauschlagen, man sei leten sick Tiet. Dei Osteuropäer süll nich argwönsch warden. Twei Daag, nahdem Brockmann dat Gerücht mit denn' Goldupköper in'e Welt sett harr, schickten sei ehren Lockvagel los. Dei „verkabelte" Mann, ein Mitarbeider von Pagels, harr Order, sick an dei verafräd Stell nich tau langen seihn tau laten. Beamte in Zivil riegelten jeden Abend dat ganze Rebeit af. Pagels, Knaak un Rhode postierten sick bi denn' „Söben-Süster-Brunnen". Oewer Funk stünn Pagels mit sienen Lockvagel in Verbinnung. Knaak un Rhode künn'n mithürn. An'n drüddten Abend schlenderte ein Kierl ierst an denn' Lockvagel vörbi, kem langsam trügg un füng in holprig Dütsch ein Unnerhollung mit em an:

„Können Sie mir sagen bitte, wie spät?"

„Ja, auf meiner Uhr ist es kurz nach neun. Wenn ich eine Rolex hätte, könnte ich Ihnen die Zeit präziser nennen!"

„Rolex? Warum nicht, aber Rolex ist teuer!"

„Natürlich, wenn sie echt ist. Man kann das prüfen, ich bin Fachmann!"

„Aha, auch Fachmann für Schmuck, Beispiel Diamantring?"

„Ja, natürlich auch. Ick kann schnell feststellen, ob ein Ring echt ist oder nicht."

„Wenn echt, Rolex und Ring, beides kaufen?"

„Ick müsste beide Sachen sehen, prüfen un dann schlage ich einen Preis vor."

Ein Antwurt wier nich mihr tau hüren, oewer dei Lockvagel säd hastig:

„Dei Kierl möt Müs markt hebben, hei löppt nah dei Wallanlagen hen!" In glieken Momang gew Pagels Befähl: „Taugriff!". Twei Beamte oewerwältigten denn' Hehler, fixierten sien Hänn un bröchten em tau ehr Deinststell.

Dei fastnahmen Kierl set Pagels in'n Verhürrum gägenoewer. Ein Polizist stünn bi dei Dör. Knaak un Rhode harrn wieder hinn'n Platz nahmen. Pagels rückte dat Mikro trecht:

„Kiek an, Grigore Popescu. Wedder eins bi uns tau Besäuk? As ick hürt hew, geiht dat ditmal nich üm Drogen, sonnern üm Schmuck! Dormit hew ick je eigendlich nix tau daun un liekers sitten wi uns gägenoewer. Kriegen wi dat Radel hüt Abend noch löst?" Popescu güng up Pagels Anspälung in:

„Nix Drogen, wollte verkaufen alte Erbstücke von meine Verwandte in Romania!" Pagels wieste denn' Uniformierten an, denn' Rumänen dei Plastikhandfesseln aftaunähmen un nickte sien Gägenoewer tau:

„Na, denn leggen S' man dei Arwstücke up 'n Disch." Popescu halte ut sien Büxentasch 'n lütten Büdel ut schwatten Samt, knüppte em up un läd ein Klock un einen Ring vör sick hen. Up dei Binnensiet von denn blinkenden güll'n Ring wier Glamira graviert un bi dei Klock hannelte sick dat eindüdig üm ein Schweizer Rolex. Pagels wieste up denn' Schmuck un säd dütlich un lut:

„Herr Popescu, Sei schienen bannig Verlangen nah ein langen Tiet in Bützow tau hebben! Wenn Klock un Ring Arwstücke sünd, worüm wull'n Sei dei denn unner dei Hand verschüern?" Popescu winkte em tau, man Pagels let em nich tau Wurt kamen:

„Schwiegen S' still un hüren S' gaut tau: Dei Glamira-Ring un dei Rolex-Klock hürten vör korten noch Silvio Galati! Vör elben Daag is dei Italiener ümbröcht worden. Dei Mürder hett em dei Wiertsaken afnahmen. Ick nähm dorüm an, dat deijenig, dei denn' Schmuck in sien Büxentasch hett, ok dei Mürder is! Sei hebben nu dei Wahl. Dei beiden Herrn dor sünd von dei Murdkommission. Sall'n dei Sei von nu an verhüren orer will'n Sei leiwer mit mi wiedermaken?" Bi denn' Namen Silvio Galati wier Popescu tausamentuckt un würd kriedenwitt. Hei streckte sien Hänn vör 'n Liew, as wenn hei wat von sick afwehren wull, un stamerte:

„Ich nix mit Mord zu tun! Ich nix wissen, dass Schmuck Galati gehören. Ring und Uhr ist durch Zufall zu mir gekommen!"

„Soso, dörch Taufall." Pagels schlög mit dei Hand up 'n Disch, dat Popescu wedder tausamenfohrte.

„Nu vertell'n Sei uns mal ganz genau, wat dat mit denn' Taufall up sick hett. Un twors 'n bäten dalli, dei Klock geiht up elben tau!" Ierst tögerig, denn ümmer fixer, packte Popescu ut: Sien Fründ harr hei sick up dat „Elektronik-Knacken" von Mercedes-Autos spezialisiert. Dorbi güng ehr dat nich üm Navis orer Autoradios. Oewer wenn sei in so'n Autos Taschen orer Büdels liggen sehgen, denn lohnte sick dei „Bruch" mihrst, so ok bi dei sülvergriese Limosin, dei sei vörrig Woch in'e

Margaretenstrat visentiert harrn. In dei Aktentasch, dei dor halwig taudeckt up 'n Rücksitz leg, fünnen sei dei Klock, denn' Ring un orrig 'n poor Schiens in ein Breiftasch. Dei Breiftasch leggten sei in dei Aktentasch wedder trügg, tau Schlöttels, Notizbauk un süss noch Saken, dei sei nich bruken künn'n. Dat Kennteiken von denn' Mercedes harrn sei sick nich markt un ok nich nahkäken, wän dei Breiftasch hürte.

Pagels kek Popescu an, oewerleggte kort un kem denn mit sien'n Infall rut:

„Oewer dat, wat Sei mit Ehren Fründ anstellt hebben, spräken wi noch, man dat hett Tiet. Ok wenn 't all up Middernacht taugeiht, wi möten noch eins los. Hoffentlich kamen wi nich tau spät! Hür'n Sei tau, Herr Popescu, un maken S' kein Fisematenten! Up Sei kümmt dat nu an! Dei Margaretenstrat is lang, wi führen naher ganz langsam dörch. Wenn Sei dor an'n Stratenrand dei sülvergriese Limosin tau seihn kriegen süll'n, seggen Sei Bescheid. Wi führ'n mit mienen Deinstwagen, Popescu sitt vörn bi mi, uns' Kollegen von'e Murdkommission achtern."

Langsam rullte dei VW dörch dei Margaretenstrat. Mit einmal wieste Popescu hiddelig nah halwvörn:

„Da, das muss Limosine sein, in der Aktentasche lag!" Pagels notierte sick dat Kennteiken un verdeilte Anwiesungen: Klären, wecker dei Fohrtügholler is, Beamte in Zivil süllen denn' Mercedes, dei in'e Margaretenstrat, kort vör dei Eck tau dei Borwinstrat stünn, nich ut 't Og laten. Ein Funkwagen süll sick in'e Nehg upholl'n, falls ein Verfolgung nödig würd.

Noch bi dei Trüggfohrt würd Pagels informiert, dat dei Besitter von denn' Mercedes Karl-Egon Kluffe heit. In'e Deinststell ankamen, kregen dei Kommissare oewer 'n Computer rut, dat Kluffe, ok „Hurenkalle" nömt, nah dei Wend mit 'n poor „Damen" von Hamborg nah Rostock kamen wier un hier ein Bordell upmakt harr. Kluffe is oewer nienich dörch Drogenhannel orer anner illegale Geschäfte upfällig worden. Hei süll twors ein grot Mul hebben, ok nich ümmer galant tau sien Prostituierte sin, würd süss oewer as harmlos instuft. Indess kreg Pagels dei Info, dat ein männlich Person in'e Margaretenstrat Kuffert un Reisetasch in denn' Mercedes verstaute un sick anschickte aftauführen. Pagels oewerleggte lut:

„Kluffe is twors 'n Nachtminsch, oewer tau sienen ‚Puff' will hei tau disse Klockentiet mit Reisgepäck in'n Wagen je woll nich. Dat süht ihrer nah afsetten ut. Un wohen, meint ji, künn em dat trecken?"

„Nah Hamborg!" röpen Knaak un Rhode as ut einen Mund. Bericht von'n Funkwagen: „Mercedes führt in Richtung Parkstrat, wi sünd achter em!"

„Wenn hei würklich nah Hamborg utbüxen will, kann dat för uns eng warden. Ick order Fohrtüg nah dei A 20, dei beide Taufohrten, dei nah Lübeck, oewer ok dei nah Stralsund, in denn' Ogenblick dichtmaken sall'n, wenn wi dat dörchseggen, inverstahn?" Knaak un Rhode hüllen ehr Dumens nah baben. Funkwagen: „Mercedes bögt up Parkstrat in, Richtung Südring."

„Na, denn will'n wi mal", röp Knaak. „Wi nähmen unsen Wagen, mi dücht, dat nu dei Murdkommission dat Rauder in'e Hand nähmen süll!" Pagels griente.

As sei up dei Höcht von'n Hauptbahnhoff wieren, säd dei Funkwagen-Besatzung dörch: „Mercedes hett Südring achter sick, führt nu dei Nobelstrat rup. Dei Fohrer schient markt tau hebben, dat wi em up dei Fersen sünd, hei giwt Gas!" Kort nahdem dei Polizeiwagen Order krägen harrn, dei A-20-Taufohrten dichttaumaken, kem dei Mercedes all dei Chaussee achter dei Ampel bi Niendörp dalmaracht. As dei Fohrer markte, dat hei nich in Richtung Lübeck afbögen künn, wull hei dei Upfohrt nah Stralsund nähmen, müsst oewer up dei Autobahnbrügg bannig up dei Klötzer perr'n, wiel an't Brüggenend ein Polizeiwagen quer stünn. Sekunden späder quietschten dei Bremsen von denn' Funkwagen achter em. Hei wier inkielt. Kluffe schnallte denn' Gurt af un blew in't Auto sitten. Dei Wagen mit dei Kommissare kem 'n Ogenblick späder näben denn' Mercedes tau stahn. Kluffe vertrök kein Mien un säd kein'n Ton, as sei em verhaften deden. Dei Mercedes würd von'e Spurensäkerung oewernahmen un dörchsöcht. –

Up dei ein Siet von denn' Disch set annern Morgen Kluffe, em gägenoewer Knaak un twüschen dei beiden legen dei Saken, dei Hella Kaminski un ehr Lüd säker stellt harrn.

„Dat Bewiesmaterial", un dorbi wieste dei Kommissar nah dei Dischmidd, „stammt ut Sei Ehr'n Mercedes. Wenn Sei nich bet gistern dörchfiert un dit Material vernicht harrn, wier 't för uns schwor worden, Sei achter Gitter tau bringen. Oewer so is 't kein Problem.

In dei Aktentasch, dei vör Sei up 'n Disch liggt, stäkten Sei vör gaut twei Wochen Husdörschlöttel, Notizblock, Breiftasch, ein Klock un 'n Fingerring. Ut dei Tasch hebben Sei gliektiedig 200000 Euro nahmen un 20000 dorvon in'e letzten Daag verschwutscht. Mit denn' Rest von 180000 wull'n Sei gistern nacht dat Wiede säuken. Dei Aktentasch hebben Sei dunn unner ein Deck up 'n Rücksitz von Sei Ehr'n Mercedes leggt, oewer bi't Fiern woll vergäten, wat dor för heite Wor liggt! Ick will 't kort maken: Dei Aktentasch hürte Emilio Galati. Dat Geld, wat ut 'n Drogenhannel stammt, wull hei nah Palermo schmuggeln. Oewer dor is hei un dat Geld nich ankamen, wiel hei vörher in Rostock mit 'n Schlag up 'n Kopp bedöwt worden ist. Alls, wat Galati besitten ded, hett dei Röwer an sick nahmen. Dat is je all schlimm naug, oewer denn is ut denn' Röwer 'n Mürder worden, as hei denn' Italiener ut sien Auto stött hett. Un dat Auto wier Sei Ehr Mercedes, wat dei Fautmattenfussel an dei Schauhsahlen von denn' Doden bewiesen!"

„Ick bün kein Mürder!", schreg Kluffe, „hei hett je noch läwt, as ick em afschnallt un mit 'n Faut ..." Ierst as dei Würd oewer sien Tung wiern, kreg Kluffe mit, dat hei grad ein Geständnis afleggt harr. Knaak hülp noch 'n bäten nah un denn vertellte hei, wat sick an denn' Abend taudragen harr: „Galati amüsierte sick af un an mit mien ‚Damen'. Dorher kennten wi uns un ick wüsst ok, mit wat hei Hannel drew. Ick wull bi em in dat Drogengeschäft instiegen. Man Galati lachte oewer dat Ansinnen un säd, dat mien Grips woll tau't Nuttenhäuden dögen würd, oewer nich för 't Drogen-Geschäft. Ut Wut hew ick denn' fienen Pinkel mit mienen Dodschläger ein'n oewertreckt un em tau mien Auto schlöppt. Dor hew ick ierst mitkrägen, wat Galati in sien Aktentasch harr. Un denn löp alls automatisch af: Geld un Wiertsaken von em an mi nähmen, oewer ok alle annern Saken, dormit so fix keiner rutkriggt, üm weckern sick dat hannelt. Denn' Kierl up 'n Bifohrersitz anschnall'n un losführ'n. As ick tau dei Stadtautobahn lenkte, kem mi dei Idee in'n Kopp, denn' Bedöwten einfach ut mien'n Mercedes tau schmieten.

Späder hew ick utposaunt, dat dei Mafia Galati bisiet schafft hett. Denn' hochnäsigen, räudigen italjenschen Töl hew ick twors üm Geld un Wiertsaken bröcht, oewer 'n Mürder bün ick dorüm noch langen nich!"

„Nähmen S' dat Mul man nich tau vull! Un wecker 'n Mürder is orer nich, dat entscheiden dei Richter, nich Sei!", säd Rhode tau Kluffe un, as sei sick up 'n Weg in'e Kantin makten, tau Knaak: „Eigentlich müssten wi uns bi Popescu bedanken. Wenn dei nich ut Kluffes Mercedes Ring, Klock un Geld klaut harr, würden wi woll noch in'n Düstern tappen!" –

ANGLERMALLÜR UN SEEMANNSKNOTEN

Dieter Kuhnke führte mit sienen Range Rover up denn' Landweg unner dei Autobahnbrügg dörch un wier Minuten späder an sien Ziel. Hei wull in dei oll'n Torfgrabens, dei quer tau dei Warnow liggen, eins wedder bäten blinkern. Villicht kreg hei an dissen sünnigen Harwstmorgen noch 'n Bors orer Häkt tau faten. Oewer dat würd nich recht wat. Petrus stünn em hüt nich bi Siet un denn verhakte sick tau gauder Letzt ok noch dat Angelgeschirr. Denn' düern Blinker wull Dieter nich versetten un versöchte em nu mit mal nah linksch, denn weddder nah rechtsch trecken, ut dat „Krut" tau kriegen. Hei wull all upgäben, as mit eins dei „Hacker" nahgew. Langsam spulte Dieter dei Sehn up: Ein Skelettdeil, 'n kumpletten minschlichen Unnerarm harr hei an'n Haken! Dieter stünn'n dei Hoor tau Barg! Dei kolle Schweit löp em denn' Rüggen dal! Hei schmet dei Angel in 't Ruhr, löp tau sien Auto un röp sien'n Fründ Paul an …

„Beruhig di man ierst", säd Paul. „Ick benahrichtig furts dei Kriminalpolizei. Bet dei ehr Lüd dor sünd, bliwst du in't Auto sitten un rögst di nich von'e Stell!" –

Dieter Kuhnke bäwerten noch dei Knaken, as dei Autos von dei Rostocker Murdkommission mit Hauptkommissar Jörg Knaak un Kommissar Werner Rhode, Gerichtsmediziner Dr. Joachim Schmidt un Spurensäkersch Hella Kaminski näben sienen Land Rover parkten.

„Nu wiesen S' uns mal dei Stell", säd Knaak, „von wo ut Sei mit dei Angelraud hantiert hebben, wo Sei in dat Torflock denn' Hacker harrn un wat an'n Blinker hängenbläben is."

„Dor kriegen mi kein teigen Pierd wedder hen! Nee, nee un dei Angel fat ick ok nich noch eins an, ick will nah Hus, wieder nix as nah Hus!“ Knaak wüsst, woans hei Lüd begäuschen künn, dei grad ’n Schock achter sick harrn. Poor Minuten späder stünn’n dei Kommissare mit Kuhnke an’t Äuwer, wo dei Raud leg un Dieter künn akerat beschriewen, wo dei Blinker unner Wader fastsetten harr. Wieldat hei sick oewer strüwte, dei Angel antaufaten un dat, wat an’n Haken set, an ’t Äuwer tau trecken, säd Rhode:

„Na denn will ick mal uthelpen un nahkieken, wat bi Sei hüt morgen all ’n Gespenst up ’n Blinker bäten hett orer dor würklich minschlich Knaken an’n Häkthaken bammeln.“ Vörsichtig trök Rhode dei Angelsehn nah baben. Tauierst wier dat Handskelett tau seihn un denn dei Unnerarmknaken, an denn’ sick dei Drilling von’n Blinker verfungen harr. Rhode müsst nah Würd säuken:

„Nee, sowat is mi in all mien Deinstjohr noch nich unnerkamen“, un mit Blick up Knaak:

„Hest du sowat all eins beläwt?“ Dei schüddköppte blot un röp:

„Hella un Jochen, hier kümmt Arbeid up juch tau!“ Schmidt löste sinnig dei Skelettdeile von’n Hacken. Dei Kriminaltechnikerin versenkte dei Knaken in ein Plastetüt un wieste oewer ’t Wader:

„Mi süll ’t nich wunnern, wenn dor dröben up ’n Grund dei gröttere Deil von dat Skelett liggt, orer?“ Knaak nickköppte. Denn wieste hei an, dat dat Rebeit üm dat Torflock afsparrt un oewerwacht warden süll, bet dei Polizeitaucher vör Urt wier’n. Dieter Kuhnke künn nah Hus führ’n, nahdem sien Personalien upnahmen wiern. Sien Angel löt hei oewer liggen:

„Dei nähm ick nienich mihr in'e Hand, dei kann mientwägen as Bewiesmiddel upbewohrt warden, ick will s' nich mihr hebben!“ Rohde schnappte sick dei Wurfangel un brummelte vör sick hen:

„Denn kümmt s' in dei Eck för Kuriositäten in uns' Asservatenkammer!“ –

Nahmiddags fünnen dei Polizeitaucher, jüst an dei von Dieter Kuhnke angäben Stell, ein Skelett ahn linken Unnerarm. Dei Taucher söchten denn' Grund ümmer wedder af, kregen oewer nix tau faten, wat noch tau dat Skelett hürn künn. Sei stellten dei Knaken, denn' Betonklotz un dei verknütt'en hellblagen Lienen ut Nylon, womit dei Liek versenkt worden wier, säker. Hella Kaminski un Dr. Schmidt wieren mit bi un gewen nipp up acht, dat bi dei Bargung würklich nix verluren güng, wat möglicherwies später helpen künn, denn' Fall uptauklären.

Nu leg dat kumplette Skelett in'e Gerichtsmedizin vör Dr. Schmidt in ein Wann … Twei Daag späder set hei mit dei beiden Kommissare in sien Deinststell tausamen.

„Na, denn lat dei Katt man ut 'n Sack“, säd Knaak, „uns' Uhr'n stahn wiet apen.“ Dr. Schmidt leggte sick ierst noch 'n poor Sieden Popier trecht, dorbi ok Upteiknungen von'e Spurensäkerung, un tellte denn up, wat sei bether wüssten:

„Dat Skelett hürt tau ein Frugensminsch, 1,70 Meter grot. As sei ümkamen is, wier s' üm fiefuntwintig bet dörtig Johr olt. Dei Knaken und dei Schädel sünd intakt, dat heit ick hew kein Anteiken von Gewaltanwennung funn'n, liekers kann sei oewer dörch ein'n Stich mit 'n Metz in'e Nieren orer in 't Hart ümkamen sin. An ehr Gebiss hett noch kein Tähnendokter wat reparieren müsst. Dor giwt' nix Upfälliges, wat uns bi dei Identifizierung wiederhelpen künn. Dei jungsche Fru is ahn Kleedung, blot mit vier Nylonlienen üm 't Lief, wur dei Betonklotz anknüppt wier, in denn' Torfgraben schmäten worden. Dei Dörchmäter von dei Lienen wiest up hen, dat sei nich grad schlank wier. Ji könnt juch dei ‚Verschnürung' naher nehger ankieken. Dat sei tau dissen Tietpunkt würklich nakt wier, is tämlich säker, denn dei Taucher hebben dei Stell, wur dat Skelett leg, akrat afsöcht, oewer kein Tüg- orer Ledderfitzel un ok mit ehr Metalldetektoren kein Gürtelschnall orer annern Schmuck as Rings orer Käden funn'n.

Nu tau dei Frag, dei juch up dei Seel brennt: Wann is dei Liek in dat Torflock unnerdükert worden? Dat is nich so licht tau beantwurden, wieldat dei murig Grund un dat moddrig Wader Influss up dei Verwesung harrn. Ick denk, dat is minnestens fief Johr her, kann oewer ok all vör teigen Johr wäst sin. Mit dat Problem möt ick mi noch 'n bäten beschäftigen un ick will mi ok noch mit anner Kollegen uttuschen, dei dat mit Lieken ut Mure orer Sümp tau daun harrn. Dat wier 't. Mihr is bi mien Unnersäukungen bether nich rutkamen." Nah disse bäten mager Utkünft güngen dei Kommissare ehr Gedanken nah. Knaak brök as ierst dat Schwiegen:

„Dor hebben wi uns je schön wat upnackt. Segg eins Jochen, in weckern Heuhupen sall'n wi dien Meinen nah nu dei Stäknadel säuken?"

„Nu man nich so pessimistisch", mischte Rhode sick in, „ümmerhen weiten wi, dat ein fiefuntwintig- bet dörtigjöhrig Fru twüschen 2010 un 2015 verschwunnen is, dat möt doch upfollen un registriert worden sin." Wieder kem Rhode mit sien Gedanken nich, denn Knaaks Smartphon füng an tau bimmeln. Knaak bölkte:

„Wi sünd gliek dor!"

„Oewer ick wull juch doch noch dat Skelett, denn' Betonklotz un dei Nylonlienen …", röp Dr. Schmidt achter dei Kommissare an, wieldess dei Dör all hinner Knaak un Rhode tauschlög. –

Intwüschen wier ein Woch vergahn. Dei beiden Kommissare seten sick an ehr Schriewdische gägenoewer. Dei „Skelett-Fall" stünn bether noch nich an'e ierst Stell bi ehr Arbeid, wiel sei vörher noch männigweck anner Upgawen tau erledigen harrn. Knaak stellte grad denn' vörletzten Aktenordner mit dei Würd:

„So, dei Lüttkram is ut 'n Weg!" in 't Regal trügg un trök denn' Hefter „Skelett-Fall" tau sick ran: Dei Utsag von Angler Dieter Kuhnke, poor Notizen, wieder nix. Dei schriftliche Bericht von Dr. Schmidt fählte ok noch. Weckein „Strategie" künn woll helpen? Rhode plagte sick woll mit ähnlich Gedanken rüm. Hei kem tau denn' Schluss:

„Wi süll'n mit uns' Computerspezialisten Kuntakt upnähmen. Dei künn'n je eins elektronisch nahforschen, weckein Frugensminsch in dat Öller un in dei Tietspann as vermisst meld worden is. Ick weit oewer nich so recht, wo grot dei Rahmen sin sall. Dütschlandwiet? Nee, Mäkelborg-Vörpommern, Rostock-Stadt un Rostock-Land möten reiken, denn ick glöw je ihrer, dat dor einer, eine, möglicherwies sogor mihrere tau Wark gahn sünd, dei sick mit dat Rebeit an'e Warnow gaut utkenn'n."

„Villicht hest du recht Werner. Kann oewer ok sin, dat sick ein Urlauber denn' Urt utkäken, dornah 'n Plan makt hett un denn …"

„Nee, nee, nee Jörg", unnerbrök Rhode Knaak. „Dat is mi von väl tau wiet weg herhalt. Dor führt doch nich bispillswies einer ut Bayern mit ein nakt Frugensliek in'n Kufferrum dörch ganz Dütschland, üm sien ümbröcht Zenzl grad in dat Torflock an'e Warnow verschwinn'n tau laten?!"

„Wier schön, wenn du recht hest. Wi süll'n oewer nich tau früh blot in ein Richtung marschieren! Spräk du dien'n Plan man mit dei Computerlüd af, ick rop unnerdes Jochen in'e Gerichtsmedizin an, wat sien schriftlich Bericht tau denn' Fall all tau uns unnerwägens is."

Nah ein halw Stunn kem Rhode trügg. Hei bröcht ein gaud' Nahricht mit. All hüt Nahmiddag künn'n sei dei drei Vermisstenlisten up ehr Computers dalladen.

„Dat passt je as dei Fust up 't Og", stellte Knaak fast, „denn wi sall'n hüt morgen noch tau Jochen in dei Gerichtsmedizin kamen. Hei will uns dor wat wiesen. Üm wat dat geiht, hett hei nich seggt."

Dr. Schmidt güng mit dei beiden Kommissare tau dei Wann, in dei dat Skelett un dei Nylonlienen legen. Dornäben stünn dei Betonklotz. Knaak un Rhode keken sick dat Skelett an un denn keken sei fragwies tau Dr. Schmidt roewer.

„Dennjenigen dingfast tau maken, dei dei jungsche Fru ümbröcht hett, is juch Upgaw“, füng Dr. Schmidt an tau räden, „oewer uns, Hella un mi, is grad wat upfoll'n, wat juch villicht wiederhelpen künn. Dorbi geiht dat nich üm dat Skelett sülben, sonnern üm dei Lienen, mit dei dat Opfer an vier Stell'n tausamenschnürt worden is: Üm dei Arms un Bost, üm Buk un Hänn, üm dei Knei un üm dei Fäut. Dat Gewicht würd mit einen Tampen an dei Lienen üm Buk un Hänn un dei Lienen üm dei Knei fastbunnen, dormit dat genau in'e Midd tau sitten kem. Dei Lienen, dei dor in'e Wann liggen, sünd ut hellblag Nylon. Disse Kunstfaser is wählt worden, wiel dei ein Ewigkeit höllt un nich, as natürlich Reepmaterial, verrotten kann. Un dei Knoten, mit dei dei Lienen tausamenknüppt worden sünd, süll'n ok ein Ewigkeit holl'n. Un deijenig, dei sei bunnen hett, kennte sick mit Knotens gaut ut. Kiekt juch dei eins prick an. Dat sünd eindüdig ‚Seemannsknoten‘! Tau'n Vergliek liggen Teiknungen von so'n Knoten näben dei Wann. Un dei hellblagen Nylonlienen sünd möglicherwies ok 'n Henwies dorför, dat einer, dei wat mit dei Seefohrt orer villicht mit dei Sägelie tau daun hett, sien Hänn bi denn' Skelett-Fall mit in't Spill harr. Un nu könnt ji juch bi Hella, dei wägen anner Termine hüt morgen kein Tiet harr, un mi bedanken!“ Dei Kommissare keken sick an, nickten em tau un Knaak säd:

„Dat daun wi giern, oewer worüm kriegen wi dat ierst hüt tau weiten?“

„Nu man sachten“, gew Dr. Schmidt as Antwurt un griente, „tau dit Ergäwnis harrt ji vör ’n poor Daag, as ick denn’ mündlichen Bericht gew, ok sülben kamen künnt. Ick hew juch je anbaden dat Lienenwark nehger in Ogenschien tau nähmen, oewer ji sünd Hals oewer Kopp ut dei Dör stört.“

„Hest recht“, mischte Rhode sick in, „wi müssten an denn’ Dag furtsens in ’n Oewerseehaben. ‚Tödlicher Unfall‘, hest säker intwüschen in’e ‚Ostsee-Zeitung‘ von läst. Man dei Sak mit disse Seemannsknoten is je Gold wiert, dat is ähnlich sowat as ’n Fingerafdruck.“

„Nu schmiet man nich mit dei Wust nah ’n Schinken. Noch sünd wi bannig wiet von’t Ziel af, is sogor fraglich, wat wi dor oewerhaupt ankamen. Ierst luern noch ’n Hupen Nahforschungen up uns. Hartlichen Dank für dei Info, Jochen!“ Bi disse Würd wier Knaak all upstahn, winkte Rhode mit ’n Kopp un güng up ’n Utgang tau. –

In’t Büro wedder ankamen, fünn jeder up sienen Schriewdisch ’n Bladd Popier. Dor harrn dei EDV-Lüd rupschräwen, in wecker Datei, weckern Ordner un mit wecker Musklicks sei up ehr Computers dei drei in Updrag gäben Vermisstenlisten finnen künn’n.

„Kiek an", säd Rhode, as hei sien Bladd tau Hand nähm, „uns' jungschen Computer-Haasen hebben an alls dacht, ok dat wi Oll'n uns männigmal mit disse niege Technik schwor daun. Na, denn man ran an denn' Speck. Oewer ierst schmiet ick dei Koffiemaschin an, recht so Jörg?" Knaak nickte blot, drückte up dei Inschalttast von sienen PC, trök dat Burd unner dei Schriewdischplatt mit Tastatur un Mus nah vörn un klickte sick tau dei Vermisstenlisten dörch.

Von berufswägen wüsst hei je, dat väle Minschen as vermisst meld würden. Knaak kreg liekers 'n Schreck, as hei dei langen Listen up sien'n Bildschirm sehg, obschonst bi dei all Öller un Tietrum ingrenzt wiern.

Koffiearoma makte sick in' Deinstrum breit. Nu hantierte ok Rhode an sienen PC rüm. Ogenblick späder stöhnte dei up:

„Jörg, hest du ok dei Listen vör dien Ogen? Ick denk, dat wi bi dissen Ümfang Hülp bruken! Kannst du dei nich beandragen?" Knaak lachte up:

„Denk an, dat grad Harwstferien sünd un babentau ward dei Staatsanwalt för einen Fall, dei so wiet trügg liggt, kum apen Uhren hebben!" Dei beiden kemen oewerein, sick iersteins sülben 'n Oewerblick tau verschaffen un dornah tausamen dei Listen tau dörchforsten, Nam för Nam. Mit Rostock-Stadt süllt losgahn, dornah Rostock-Land un, wenn 't nödig wier, ganz Mäkelborg-Vörpommern.

Männigmal künn fix ein Nam von dei List sträken warden, ofteins wiern vörher Telefonate nödig un mitunner ok Nahforschungen vör Urt. Dei Tiet löp Knaak un Rhode as Dünensand dörch ehr Finger. Dei Enttäuschung wier grot, dat grad dei Rostocker Listen kein griepbor Ergäwnis bröchten. Bi dei Lanneslist nähmen sei besonners Usedom, Rügen, Darß un dei Habens langs dei Küst in Ogenschien. Oewer kein Frugensminsch, dat in ehr Schema passte, wier dor verschwunn'n. Blew noch dei Mäkelborger Seenplatt oewer. As ok dei List ahn „Erfolg" dörchkämmt wier, schmet Rhode dat Handdauk:

„Wi hebben uns nu vierteigen Daag afrackert un woför? Dorbi wier ick mi tämlich wiss, dat wi up ein vermisst Seemannbrut stöten würden, un nu? Nix, wi könn'n denn' Fall an 'n Nagel hängen!"

„Wist du dei Flint in 't Kurn schmieten?", frög Knaak. „Wenn 't ok nich so utsüht, wi sünd liekers vörwarts kamen, wieldat wi nu nich dei Flint in 't Kurn, sonnern dei Listen an 'n Nagel hängen könn'n, denn mit dei sünd wi dörch. Wi süll'n, wat uns dat geföllt orer nich, nu tau uns' Nahwers kieken! Giwt je ok Seelüd in Stettin un Danzig orer in Lübeck, Hamborg un Bremen! Dat heit, wenn wi nich upgäwen will'n, möten wi buten uns' Lannesgrenzen wiedermaken. Ick denk, wi kieken uns iersteins dei dütschsprakigen Gägenden an. Ick ward mal uns' westdütschen Kollegen an'e Ost- un Nurdseeküst oewer denn' Skelett-Fall informier'n un üm Hülp bidden."

Drei Daag späder hüll Knaak ein Fax in'e Hand. Hauptkommissar Niels Hansen ut Hamborg harr dat afsett un ein Drapen in sien Deinststell vörschlagen. Dat güng üm ein vör soeben Johr as vermisst meld jungsche Fru. Hei sülben harr mit dei Anzeig tau daun hadd un wüsst dorüm, dat dei in dat angäwen Datenfinster von denn' Skelett-Fall passen ded.

Von Rostock nah Hamborg is dat ein Kattensprung. In dat LKA näben denn' Stadtpark wiern dei Rostocker Kommissare nich tau't ierst Mal. Sei würden fründlich von Hauptkommissar Hansen in Empfang nahmen. In sien Büro stünn'n dei Koffiepött all prat:

„Up gaude Tausamenarbeid! Ick freug mi, dat nu nah Johren villicht doch noch Licht in denn' Vermisstenfall Hanna Kröger kümmt. Oewer dei Reih nah:

In'n Sommer 2013, exakt an'n 16. August, hett dei Bootsmann Klaus Bollmann sien Verlawte Hanna Kröger as vermisst mellt. Dei beiden läwten tausamen in Bollmans Wahnung in Altona, dat heit, Bollmann wahnt dor ümmer noch, nu oewer mit ein anner Fru. Kort nahdem dei Bootsmann dei Vermisstenanzeig upgäwen harr, fohrte hei wedder tau See. Wi hebben denn Erkunnigungen oewer Klaus Bollmann un Hanna Kröger intreckt. Tauierst Bollmann: Dei is in'e Rostocker Oltstadt tau Welt kamen, dor ok tau Schaul gahn un bi dei ‚Deutsche Seereederei' in Rostock tau'n Bootsmann utbild worden. Nah dei Wend hett hei ein Stell bi ‚Hapag-Lloyd' krägen. Von sien jetzig Deinststell ‚Hapag-Lloyd-Cruises' würd em blot Gaudes beschienigt. Mi kem dat oewer bäten eigenorrig vör, dat Bollmann Hanna Kröger as sien Verlawte angäwen hett, obschonst hei tau dei Tiet all ein anner harr, nämlich Jacklyn Knutsen, mit dei hei intwüschen verfriegt is. Tau Hanna Kröger: Dei is in Rostock ‚Lütten Klein' burn worden.

Sei hett Verköperin bi dei HO lihrt un denn in'e Kantin in'n Seehaben Rostock arbeid. Dor is ehr woll ok Bollmann oewern Weg lopen. Hanna Kröger hett johrelang bi ehr Öllern wahnt, bet sei mit denn' Bootsman nah Hamborg treckt is. As ick mit dei Öllern spräken wull, wur sick möglicherwies ehr Dochter Hanna upholl'n künn, läwten dei beid nich mihr. Anner Geschwister hett sei nich. Klaus Bollmaan wier 2013 einundörtig un Hanna Kröger soebenuntwintig Johr olt. Bollman orer sien jetzig Fru stünnen bether nich unner Verdacht, wat mit dat Verschwinn'n von Hanna Kröger tau daun tau hebben. Oewer nu, nahdem ick Sei Ehr Fax oewer denn' Skelett-Fall krägen hew, kümmt dei Sak för mi in ein anner Licht! Soväl as Tausamenfatung. Hier in denn' Ordner is dei ganze Vörgang von dunnmals fasthollen, wenn Sei will'n, könn'n wi ein Kopie dorvon anfardigen."

„Dunnernarr'n oewer ok, dit 's je ein Ding!" röp Rhode, „oewer wenn Bollmann all vör soeben Johr nix an't Tüg flickt warden künn, ward hei sick hüt ok nich an'e Wäsch kamen laten. So ein'n Schlawiner bewies mal wat!"

„Iersteins", sprüng nu Knaak in, „besonnern Dank för dei Inladung un denn' Bericht, Herr Hansen. Passlich is dat je alls, wat Sei vördragen hebben un gägenoewer denn' Stand von 2013 hebben wi nu ein Skelett, dei Nylonreeps, dei Seemannsknoten un dat Stück Beton as Indizien. Ick frag mi blot, wenn Bollmann würklich Hanna Kröger ümbröcht un in dat Torflock ‚afleggt' hett, womit kriegen wi em so in'e Klemm, dat hei dat taugiwt?" Niels Hansens Koffie wier kolt worden. Hei begöt mit denn' Rest sienen Gummibom, schenkte sick un sien Gäst heiten nah un sinnierte:

„Wi weiten intwüschen, dat Bollmanns Musikdamper in Montego Bay, Jamaika, wägen dei ‚Corona-Kris' fastliggt. Dei dütschen Crewmitglieder warden von ehr Reederie mit 'n Fleiger trügghalt. Dei drapen oewermorgen früh gägen Klock teigen up 'n ‚Hamburg Airport' in. Entweder wi starten dor ein'n ‚Oewerraschungsangriff', orer wi täuben af un säuken uns ein anner Strategie. Villicht is 't ok von Hülp, wenn wi vörher mit sien Fru Kuntakt upnähmen? Wi hebben oewer blot twei Daag Tiet, üm dat tau bespräken! Dörüm wier 't an'n besten, wenn Sei gornich ierst nah Rostock trügg führ'n, sonnern in Hamborg blieben würden, för Oewernachtung künn 'k sorgen."

„Af un an denk ick, dat du hellseihn kannst", wunnerwarkte Rhode un kek Knaak dorbi von'e Siet an, „woher harrst du süss woll wüsst, dat wi för dei Fohrt nah Hamborg Wasch- un Schlaptüg bruken?"

„Na, dat nöm ick Vörpahl schlagen", freugte sick Hansen. „Dei Unnerkunft is hier in'e Nehg. Ick wies Sei, wo dat is, un denn könn'n wi hüt Abend je noch 'n lütten Bummel maken, twüschendörch ein'n Happen äten un ok dat ein orer anner Bier drinken! Wenn Sei inverstahn sünd, hal ick Sei Klock söss af."

„Wenn 't nich grad oewer der ‚Reeperbahn' geiht", griente Knaak, „bün ick mit bi!"

„Un wenn wi hüt Abend dei Skelettgeschicht unnern Aktendeckel laten, kam ick ok mit", let Rhode hürn.

As sei sick dei Bein orrig verperrt harrn, kierten dei Kommissare bi „Hannes" in. Niels Hansen harr dor vörsichtshalwer 'n Disch bestellt, denn dat schöne lütte Lokal stünn bi dei Hamborger hoch in'n Kurs. Wägen dei „Corona-Afstandsrägeln" seten nu oewer blot an jeden tweiten Disch Lüd, wat för denn' Wirt weniger Innahmen bedüden ded, oewer denn' Geräuschpägel up ein lütt Flamm hüll. Dat kem dei Kommissare bi ehr Unnerhollung taupass. Dei würd würklichengotts nich deinstlich, sonnern sei spröken oewer ehr Fomilien, Frietiet un Einheitsprobleme. Knaak bestellte noch vör 't Äten ein Rund' Köm, wieste up hen, dat hei dei Öllst an'n Disch un von oewertügt is, dat dei Tausamenarbeid twüschen Ost un West väl bäder flutschen würd, wenn sei nu „du" taueinanner seggen würden. Bet kort vör Utschankschluss seten nu Niels, Jörg un Werner in dat Restaurant.

An'n annern Morgen oewerraschte Niels Hansen Knaak un Rhode mit ein Nieglichkeit:

„Mien Mitarbeider hebben gistern noch rutkrägen, dat Bollmann sick von sien Fru Jacklyn scheiden laten will. Hei sall mit ein von dei jungschen philippinschen Dierns an Burd tucken, woll all 'n poor Reisen lang. Husmitbewahner von Bollmanns vertellten sogor, dat dei beiden sick dorüm all bannig in'e Wull harrn! So'n iewersüchtig Frugensminsch künn je 'n gauden ‚Lockvagel' afgäben. Man wi müssten weiten, wat sei so'n Last oewerhaupt up ehr Schullern nähmen un mitmaken würd. Jacklyn Bollmann is in Hamborg. Ick ward sei vörladen laten."

Dei Kommissare beratschlagten fast denn' ganzen Vörmiddag lang. Up jeden Fall wier'n sei dorför, mit Fru Bollmann tau spräken. Wenn sei sick up dei Siet von dei Kommissare schlög, künn Klaus Bollmann bi sien Ankunft in'n Airport dörch einen „Oewerfall" in 't Bockshorn jagt warden.

Woans süll dat aflopen? Dei Hapag-Lloyd-Crew müsst gliek nah ehr Indrapen up 'n Airport wägen ein'n angäwlichen in Dütschland vörschräwen Coronatest affungen warden. Dortau künn'n Lüd von't Gesundheitsamt Bollmann in einen Rum nödigen, dei von Kripo-Beamte vörher 'n bäten „präpariert" worden wier. Dat aftauspräken un tau organisier'n, süll kein Problem sin, müsst oewer alls instudiert un prauwt warden, besonners mit Jacklyn Bollmann.

Dei elegante Fru, Chefin von'n Frisörsalon „Jacky B.", kem kort vör Middagstiet in 't LKA. Tauierst würd ehr klor makt, dat sei oewer alls, wat sei hier tau hüren kreg, Stillschwiegen tau bewohren harr. Denn verklorte Niels Hansen Fru Bollmann, dat dat üm dat Verschwinn von Hanna Kröger güng un Knaak un Rhode wiesten up hen, wat Klaus Bollmann dorbi vermaudlich för ein Rull spält hett. Fru Bollmann kek von einen Kommissar tau'n annern, trök ehr stark nahfarft Ogenbranen tau höcht, schweg orrig 'n Tiet lang un säd denn:

„Ick kenn dei Vermisstengeschicht, bün je dunnmals tau verhürt worden, hew oewer sülben Hanna

Kröger nienich kennlihrt. Nahdäm ick Klaus, bäder seggt Herrn Bollmann, heurat harr, hebben wi oewer sien ehemalig Verlawte nich mihr spraken, intressierte mi nich un dat wier je ok ein Johr nah dei Vermisstenanzeig. Liekers weit ick nich, wat hei 'n Verbräker sin künn, obschonst ick em, nah sien Verholl'n mi gägenoewer in'e letzt Tiet, allerhand tautrugen würd." Un denn vertellte sei, dat ehr Noch-Ehemann, wenn 't üm dei Scheidung, besonners oewer üm Geldangelägenheiten güng, mihrfach handgrieplich worden wier, sei dei Konsequenzen treckt harr un siet twei Maand in ehr eigen vier Wänn läwte. Dornah let Hansen dei Katt ut 'n Sack, vertellte, wat sei ehr för ein Upgaw taudacht harrn un säd:

„Sei möten sick nich gliek entscheiden un könn'n dat, wat wi Sei äben vörschlagen hebben aflähnen orer Sei maken mit. Wenn Sei ‚Ja' seggen, denn seihn wi uns hüt Nahmiddag wedder, wieldat dat denn noch väl tau bespräken giwt. Wenn Sei ‚Nee' seggen, is för Sei dei Sak erledigt. Hier is mien Kort. Oewerleggen S' sick dat gaut un ropen S' mi späder an!" Fru Bollmann grep sick ehr Handtasch un verlöt ahn ein Antwurt denn' Rum. Dei Kommissare nütt'en dei Paus un güngen in'e Kantin.

Hansen harr grad Koffie in dei Pött gaten, as sien Smartphon bimmelte. Jacklyn Bollman frög, tau wann sei in 't LKA kamen süll, denn ehr Antwurt wier: „Ja"! Hansen bestellte sei tau nahmiddags Klock twei, säd oewer, dat sei Tiet mitbringen süll, wiel ok noch ein „Vörurt-Termin" up 'n Fleigerhaben nödig wier. Dei

Kommissare Knaak un Rhode ut Rostock würden mit ehr ierst in't LKA denn' Aflop genau dörchspräken un denn mit ehr tau'n Airport kamen. Hei würd all vörwegführen, üm dor mit dei taustännigen Lüd nödige Vörbereitungen tau drapen.

Dei „Airbus A330-200“ ut Montego Bay harr pünktlich in Hamborg upsett un rullte tau ein Gate von dei Inreishall. Väl Passagiere wiern wägen Corona nich an Burd. Dorüm duerten dei Formalitäten bi Grenz un Toll nich langen. Dei Hapag-Lloyd-Crew würd von't medizinische Airport-Personal in Emfang nahmen.

„Wi möten“, säd ein Mann in'n witten Kittel, „bi Sei noch ein'n ‚Covid-19-Schnelltest‘ dörchtrecken. Duert nich langen. Sei Ehr Reederie hett uns ein List schickt, weck Seelüd hüt inreisen warden. Wi gahn dat Alphabet nah. Mit ‚A‘ is keiner bi, as nehgst steiht hier Bollmann, Klaus. Herr Bollmann, mien Assistent bringt Sei tau denn' Unnersäukungsrum. Täuwen S' dor, dei Dokter kümmt gliek!“

As Bollman in denn' Rum kümmt, sitt sien Fru Jacklyn all dor. Dei Kommissare hürn in'n Nabenrum denn' Wurtwessel mit. Bollmann röppt argerlich:

„Wat wisst du hier?“

„Ick hew kein Lust mihr, mit 'n Wiewerheld unner ein Dack tau läwen, un hew nu ein eigen Tauhus. Dorüm bruk ick Wahnungs- un Husdörschlöttel nich mihr. Dei liggen dor vör di up 'n Disch.“

„Is wieder noch wat?“

„Ach ja, dien ehemalig Verlawte is wedder ‚uptaucht‘, ick sall di schön grüßen!“

„Dömlichen Schnack! Dei kann ehr Mul nich mihr upmaken, dei liggt je all langen …" In denn' Ogenblick bet Bollmann sick up sien Lippen, hei harr sick vergäten. Man nu spälte Jacklyn ehren Trumpf ut:

„Würklich? Stimmt, räden kann sei nich mihr. Sei kann sick oewer ok nich mihr rögen, denn du hest ehr je dunnmals Arms, Bein un Fäut tausamenschnürt!" Mit dei Würd schmet sei ein Stück hellblag Nylonlien up 'n Disch, in dei Niels Hansen vörher 'n „Palstek" bunnen harr, un spälte gliek noch ein Ass ut:

„Un dei Betonklotz hett denn dorför sorgt, dat sei nich wedder an 't Daglicht kamen künn!" Bollmann rüng nah Luft, löp rod an un schreg ahn Bedacht in sien Wut:

„Dat is Spökenkiekerie! Dor wier keinein mit bi, as ick dei dicke Kauh versüppt hew! Ick ward di …" Wieder kem Bollmann nich, denn Hansen harr in sien Mikro „Taugriff" ropen. Twei Beamte störten dörch dei Dör von'n Näbenrum up denn' Bootsmann tau, kregen em tau faten un leggten üm sien Handgelenke dei „Iesern Acht". As dei Kommissare Bollmann gägenoewerstünn'n, säd Hauptkommissar Niels Hansen:

„Herr Klaus Bollman, ick nähm Sei wegen Murdverdacht fast! Wi unnerholl'n uns in't LKA wieder!" Bollmann säd keinen Ton. Hei kek blot fünsch tau sien Fru roewer. Dei wischte sick denn' Schweit von'e Stirn un sackte up ehren Stauhl trügg. Dei Upprägung wier noch nich afklungen, as Hansen, Knaak un Rhode sick bi ehr bedankten. –

Bollmann set ahn Handschellen in'n Verhürrum von't LKA. Ein Beamter stünn näben em. Knaak un Rhode bläderten vör denn' Bootsmann Biller up 'n Disch. Biller von dat Torflock an'e Warnow, wo dat Skelett funnen worden wier, von dat Skelett sülben, von dei Nylonlienen mit dei Seemannsknoten un von denn' Betonklotz. Bollmann hüll sick dei Hänn vör Ogen un gestünn: Hei wier 2013 mit Hanna Kröger in sien Auto nah Rostock führt. Spät abends harr hei mit ehr einen Spaziergang tau Städen makt, dei sei an „Schöne Tieden" erinnern süll. As sei bi dat Torflock ankamen wiern, harr hei ehr tauflustert, dat sei hier ehr Leiw wedder upfrischen wull'n, un wiel 't grad Sommerdag wier, ahn Tüg an'n Liew. Kum dat sei nakt vör em stünn, harr hei ehr 'n Dauk oewer Mul un Näs in't Gesicht drückt, bet sei sick nich mihr rögte. Wat hei dor denn noch mit ehr anstellt harr, wier je bekannt. Ehr kumplett Kleedung un dei Schauh harr hei denn in einen Plastesack stäkt, mit nah Hamborg nahmen un späder an Burd in dei Müllverbrennungsanlag in Flammen upgahn laten. Denn' Schmuck un ehr Klock harr hei tau Hus in ehr Schatull leggt. Dei Kripo fünn dorüm nix Verdächtiges bi em, nich in'e Wahnung, nich in't Auto orer süssnochwo un hett dorüm woll späder dei Unnersäukungen instellt. Oewer twei Fragen harr hei nu noch, säd Bollmann tau'n Schluss:

„Woans sünd Sei up mi kamen un wieans hebben Sei dat Skelett funnen?"

„Maken S' sick sülben 'n Vers ut", säd Rhode:

„Ierstens dörch Seemannsknoten un tweitens mit 'n Blinker, mit denn' statts Häkt 'n Unnerarmknaken fungen würd!"

WIEWERRÖCK UN HENKERSTRICK

Dei Pförtner harr sei nah baben schickt, ierst Etasch, tweit Dör rechtsch. Up dat Schild unner ein Plexiglasschiew näben denn' Dörrahmen stünn: Murdkommission – Haupkommissar Knaak – Kommissar Rhode –. As dei Fru kloppte, würd dei Dör von binnen upmakt. Knaak un Rhode harrn dei Chefin von'n Biohoff-Kritzmow vörlad. För dei beiden stünn ein üm sösstig Johr olt Frugensminsch. Sei harr dat Corona-Schnutendauk all afnahmen un drög ehr Jack oewern Arm. Dei sommerlich Kleedung strek ehr schöne Figur noch rut un dei tau'n Pierdschwanz tausamenfatt'n, blonden Hoor geben ehr hübsch Gesicht ein'n besonnern Reiz. As sei sick up denn' anbaden Stauhl sett'e, schlög sei ehr langen, schlanken Bein oewereinanner, läd ehr Handtasch up 'n Schot un säd:

„Evelyn Hoffmann, ick süll mi so bald as möglich bi Sei melden!?" Rhode kek ümmer noch verdaddert, weil hei nich glöben künn, dat ein „Landwirtin" so adrett utseihn künn, as Knaak up dei Vörladung tau spräken kem:

„Sei wiern gistern nich up 'n Hoff, as sick Gustav Krönke dat Läwen nahmen hett. Ein Treckerfohrer hett em entdeckt, uphängt in'e Schün. Von uns' Spurensäkerungslüd hebben wi oewer denn' Henwies krägen, dat Krönke sülben sien Läwen woll gornich afschluten wull, sonnern dat dor nahhulpen worden is. Dorüm hebben wi nu denn' Fall up 'n Disch!" Knaak makte ein Paus un kek tau Evelyn Hoffmann röwer. Dei harr ehr Hänn vör 't Gesicht schlagen un schüddköppte, säd oewer kein'n Ton. Dei Kommissare böden ehr 'n Tass Koffie an, dat sei sick bäten sammeln künn un stellten denn Fragen. Dei Biobuerin hürte upmarksam tau un säd denn:

„Wenn ick hier in bunt Sommertüg sitt, is dat kein Missachtung vör denn' Doden. Ick kann einfach schwatt Truerkleedung nich lieden un denn hannelt sick dat bi Gustav je ok nich üm ein'n Verwandten, sonnern üm ein'n Kollegen. Dat vörweg. För unsen Hoff is sien Dod 'n grot Verlust, denn Krönke verstünn wat von Bioanbu un wier mien Stellverträder! Wi hebben uns dei Arbeid deilt. Denn' Popierkram in't Büro hew ick erledigt, för dei praktische Arbeid wier hei taustännig. So bün ick em ok 'n bäten ut 'n Weg gahn, denn up dei Pöll wull 'k Gustav nich duernd hebben, wiel hei bannig achter Wiewerröck her wier, obschonst Frugens in mien Öller nich mihr in sien ‚Beuteschema' passten.

Ick bün ierst gistern Abend, as ick von'n Flugplatz Laage kem, von mien Lüd oewer sien Afläwen künnig makt worden. Dei halwig Nacht hew ick grüwelt: Worüm süll sick 'n Kierl dat Läwen nähmen, dei mit beid

Bein fast up dei Ierd steiht? Hei harr Freud an sienen Beruf! Wat hett em in'n Dod dräben? Un nu vertell'n Sei mi, dat dat Murd wier! Murd bi uns up 'n Biohoff? Ick kann dat alls nich begriepen!"

„Murd wier dat ahn Frag", stellte Rhode fast. „Wat sick gistern in'e Schün afspält hett, weiten wi noch nich genau. Uns' Spezialisten termaudbarsten sick grad ehr Köpp doroewer. Wi fragen uns nu: Wecker wull em ut 'n Weg rümen un worüm? Villicht könn'n Sei uns helpen. Sei kenn'n Krönke doch säker all langen un hebben je Dag för Dag mit em tausamenarbeid. Wenn em weck up 'n Dod nich lieden künn'n orer hei mit anner Lüd bösen Striet harr, dat möt Sei doch upfoll'n sin!?" Evelyn Hoffmann tuckte mit ehr Schullern:

„Natürlich wier mi dat upfoll'n. Ick kenn Gustav all ut DDR-Tieden, as uns' Biohoff noch LPG wier. Dat is middewiel viertig Johr her. Ick harr in'e ‚Melkveihanlag' mien Daun un Gustav wier ‚Feldbaubrigadier'. Dunnmals hett hei ok sien Fru Gisela kenn'nlihrt un ick mienen Mann Fred. Tau dei Tiet hebben wi uns ok männigmal besöcht, eins bi Krönkes, eins bi uns. Oewer dat is langen her. Nah dei Wend hebben Krönke un ick dei LPG tau ein Agrargenossenschaft ümwannelt un späder denn' Biohoff mit nu dreiundörtig Mitarbeider gründ. Dei Krönkeschen Kinner, twei Döchter, sünd intwüschen ut 'n Hus, mien Söhn ok un mien Mann is vörrig Johr an Kräwt storben. Krönke un ick harrn, wenn 't üm dei Arbeid güng, nie Geheimnisse vöreinanner. Ick vertell Sei dat alls, dormit Sei mien Utsag richtig inschätzen könn'n. Mi is würklich nix von Gustav bekannt, wat Sei wiederhelpen künn! Un wiel Sei je sowieso nahfragt harrn: Ick wier tau't ierst Mal nah dei Corona-Lockerungen för drei Daag bi mienen Söhn. Dei is as Konstrukteur bi BMW in München anstellt. Friedagmorgen von Rostock-Laage mit ‚Germanwings' hen un Sünndagabend trügg." Knaak bedankte sick bi Fru Hoffmann, sowoll dorför, dat sei promt up dei Vörladung reagiert harr, as ok för dat, wat sei dorleggt harr. Tau'n Schluss säd hei:

„Morgen früh hebben wi einen Termin mit uns' Lüd von'e Krimikaltechnik un Gerichtsmedizin an'n ‚Tatort'. Ick mücht, dat Sei mi bet dorhen ein alphabetisch List mit Namen un Beruf von Sei Ehr Mitarbeider anfardigen un dat Sei ok dorför sorgen, dat dei morgen kumplett up 'n Hoff sünd! Dei List hal ick mi so gägen Klock nägen bi Sei af." –

Knaak, Rhode un Dr. Schmidt seten in dei Schün up Strohballen. Dei Spurensäkersch Hella Kaminski stünn vör denn' Querbalken, wur Gustav Krönke gistern an bammelt harr. Sei wieste nah baben:

„Gustav Krönke harr sick blot mit Hülp von ein Ledder an denn' Balken uphängen künnt. Oewer wi hebben in'e Schün un up 'n ganzen Hoff so 'n lange Ledder nich funn'n. Woans is hei denn dor rupkamen? Dorch dei Ünnersäukungen von Dr. Schmidt weiten wi, dat hei gornich in'e Lag wier tau kladdern, denn sien Hänn un Fäut wiern tausamenbunn'n. Dat heit, anner Minschen, minnestens twei, hebben em nah baben transportiert, oewer nich mit ehr Muskelkraft, sonnern mit dissen Stapler!“ Dorbi wieste Hella Kaminski up Brä’ un ein’n Elektrostapler, mit denn’ süss Strohballen tau Höcht bröcht warden. „Dei Bräder hier hebben dei Mürder quer up dei Gabel von dei Maschin leggt, Krönke rupsett un em hochführt. Vörher harrn sei all denn’ Strick an ’n Balken bunn’n. Dor baben hebben sei em dei Schling üm ’n Hals leggt, denn’ Stapler wedder dalführt un hei kem an denn’ Balken tau hängen. So hett sick dat Drama wohrschienlich afspält. Von sick hebben dei Mürder nix priesgäben, denn sei drögen tämlich wiss Handschen un Overalls mit Kapuzen. Oewer ehr Daun vertuschten sei nich, wat Bräder un Stapler bewiesen. Ick glöw, dat sei em dor baben nich uphängt hebben, üm Sülwstmurd vörtautäuschen, sonnern üm em in denn’ elendigen Taustand tau ‚präsentieren‘!“ Hella Kaminski sett’e sick tau dei Kommissare un Dr. Schmidt kem nu tau Wurt:

„Gustav Krönke is an’n Sünndag, gägen Klock fief nahmiddags, dörch Uphängen ümkamen. Bet up dei Inschnürungen an Hänn un Fäut wiern an sien Liek kein Spuren von Gewalt tau finn’n. Ick nähm an, dat hei sien Mürders kennt hett. Wohrschienlich hebben Mürders un Opfer tausamen Bier drunken. För Krönke kem dei Oewerwältigung unvermauds. Wo dei Bierrunn tausamensetten hett, weiten wi nich, ward ok bi dei välen Spuren in un üm dei Schün rüm kum ruttaukriegen sin. Sowiet iersteins, dat Anner hett Hella je all dorleggt.“

Dei Vier stäkten ehr Köpp tausamen un beratschlagten. Sehg würklich so ut, as wenn dei Mürders hier up 'n Biohoff tau säuken wiern un dat sei Krönke sülben un sien Ümfeld gaut kenn'n deden. –

Hella Kaminski un Dr. Schmidt führten af. Dei Kommissare bleben vör Urt. Knaak harr nich ümsüss dei Schün, wur dat Verbräken stattfunn harr, för dei Befragung von dat Biohoff-Personal utwählt. Hei wull weiten, woans dei sick an denn' Urt gäben würden. Dei Mitarbeidertahl wier mit vierundörtig Lüd, Chefin mit inräkent, tau oewerseihn. Rhode vergewisserte sick bi Evelyn Hoffmann, wat ehr Lüd vullstännig versammelt wiern. Denn gew hei Bescheid, dat dei Lüd, so as sei up dei List stünn'n, wägen dei Corona-Afstandsrägel von'n Hoff enzeln tau dei Schün kamen süll'n. Wenn sei denn' Iersten trüggschickten, süll dei Tweit kamen un so wieder.

Ein Campingtisch un ok so'n Stäuhl deinten as Büro. Dei ‚Vernähmung' duerte sien Tiet. Knaak un Rhode stellten ümmer wedder deisülben Fragen un kregen mihrst ok deisülben Antwurten. Bet middags wiern sei mit dei Hälft von dei Namen up dei List dörch. Keinein von dei wier verdächtig. För denn' späden Sünndagnahmiddag harrn sei all ein Alibi.

Evelyn Hoffmann sülben bröcht Punkt Klock twölben Äten un Drinken in dei Schün, dormit sick dei Beamten 'n bäten vernüchtern künn'n. Väl Rauh günnten dei sick oewer nich. As dei letzt Happen von Currywust mit Tüffelsalat dei Schloek dal wier, harrn sei all denn' nehgsten Biohoff-Mitarbeider bi dei Uhren. Mit 'n pünktlichen Fierabend würd dat weddermal nix. Endlich wier dei letzt Nam an'e Reih. Ruth Zacher, ein achtuntwintigjöhrig jungsche Fru sett'e sick bi dei Beamten dal. Sei wier woll antauseihn, obschonst sei ut ehr schier Gesicht egalweg Tranen wischte. Up Knaaks Frag, worüm ehr dei Dod von Krönke so an 't Hart güng, säd sei:

„Ick wier doch mit Gustav verlawt un weit nu nich, wians dat wiedergahn sall!" Knaak frög verdaddert:

„Woans sall ick dat verstahn? Herr Krönke wier doch verfriegt, wüssten Sei dat nich?"

„Doch, wi hebben uns heimlich verlawt, öffentlich süll dat ierst nah sien Scheidung warden. Tau gistern Abend harrn wi uns bi mi verafräd. Denn wull ick em ok mit dei freudig Nahricht oewerraschen, dat ick von em schwanger bün. Man hei is nich kamen, wier tau dei Tiet woll all dod!" Nah disse Würd löp sei hulend ut dei Schün. –

Obschonst Knaak un Rhode dei lange Dag all bannig in'e Knaken set, güngen sei noch tau dat Büro von Evelyn Hoffmann röwer. Sei bedankten sick för ehr Hülp un dat Äten un kemen noch up Fru Hoffmanns Mitarbeider tau spräken. Tau'n Schluss frög Knaak:

„Wüssten Sei, dat Krönke ein Verhältnis mit Ruth Zacher harr un dat dei ein Kind von em kriggt?" Dei Biohoff-Chefin füll ut alle Wulken:

„Ach du hillig Bimbam! Dat ok noch! Naja, wenn 't kümmt, denn kümmt 't dick. Nee, hei möt sick klammheimlich mit Ruth drapen hebben. Dor hett up 'n Hoff keinein wat von mitkrägen, süss harr ick dat wüsst!" Up'n Trüggweg tau dei Schün säd Knaak tau Rhode:

„Wenn wi all hier in dei Eck sünd, lat uns noch kort eins bi Fru Krönke inkieken, denn hebben wi alls afarbeid, wat för hüt up 'n Zettel stünn!" Rhode stöhnte:

„Man gaut, dat ick Junggesell bün un mi keiner anblafft, wenn 'k nich pünktlich nah Hus kam. Segg eins, Jörg, wurans höllt dien Fru dat mit di un dien Arbeidswut eigentlich ut?"

„Weit ick nich. Glöw oewer, dat sei sick an dat unstet Läwen mit mi gewennt hett!"

Ogenblick späder parkten dei Kommissare för dat ‚LPG-Hus' von Krönkes. Dei Husfru, Gisela Krönke, makte dei Dör mit:

„Sei all wedder!" up, säd denn oewer:

„Naja, Sei maken je ok blot Ehren Deinst. Kamen S' rin!"

„Wi will'n uns nich langen upholl'n. Sei hebben je gistern all up väle Fragen ein Antwurt gäben. Sei vertellten uns, dat Sei sick mit Sei Ehren Ehemann Gustav uteinannerläwt harrn un nu dei mihrst Tiet bi Sei Ehr Döchter un Enkelkinner in Rostock verbringen. Liekers wahnten Sei je noch mit em unner ein Dack un harrn säker ok noch wat mit em tau beräden. Mien Frag: Is dorbi ok tau Sprak kamen, dat Sei Ehr Mann sick von Sei scheiden laten wull?" Man markte Gisela Krönke an, dat ehr dei Frag nich sünnerlich uprägte:

„Hebben Sei dei Nieglichkeit von Ruth Zacher? Mit dei nieg ‚Flamm' hett hei bi mi rümprahlt! Hett hei dei ok wedder wat vörflunkert? Nee, Gustav harr sick nie scheiden laten! Hei wull doch nich Hus un Grundstück verlier'n un babentau för mi Unnerholt bitahlen! Denn wier je kein Geld för sien Leiwschaften un dei välen Abende bi'n Griechen oewer! Nee, nee, wenn hei von Scheidung spraken hett, denn blot, üm Frugens üm 'n Finger tau wickeln un dat künn hei gaut!"

As dei Kommissare up dei Satower Strat nah Rostock tau rullten, säd Rhode mihr tau sick sülben as tau Knaak:

„Gisela Krönke möt iergistern ein bildschön Fru wäst sin. Wat dei Gram doch ut 'n Minschen maken kann. Ick denk, dat sei nu woll teigen Johr öller utsüht, as sei in Würklichkeit is." –

Ein Woch lang harrn sick Knaak un Rhode mit Minschen ut Krönkes Ümfeld beschäftigt. Nich blot mit dat Personal von'n Biohoff, sonnern ok mit Bekannte, Verwandte un besonners Frugens ut sienen „Harem". Gew twors vier, ficf Lüd, dei nich grad gaut up em tau spräken wiern, oewer ein'n Grund, em ümtaubringen, harrn dei dorüm noch langen nich. Dei mihrsten Befragten lawten Krönke sogor, besonners wegen siene beruflichen Qualitäten. Ok dei Angestellten up 'n Biohoff leten nix up em kamen. So sihr sei sick ok afmäugt harrn, dei Kommissare wier'n in'n Murdfall Krönke kein Stück wiederkamen.

„Wi möten noch eins von vörn anfangen", stellte Knaak fast. „Werner, gäw Hella un Jochen Bescheid, dat wi uns morgen früh Klock nägen, hier bi uns in'e Deinststell, noch eins mit denn' Biohoff-Fall beschäftigen möten un sei sall'n Tiet mitbringen!"

Hella Kaminski wier pünktlich. Dr. Schmidt kem up 'n letzten Drücker, hei harr noch einen niegen ‚Patienten' up 'n Disch krägen. Knaak güng denn' Fall noch eins dörch:

- bi Krönke hannelt sick dat nich üm Sülwstmurd, hei is upknüppt worden,
- minnestens twei Personen hebben em üm 't Läwen bröcht,
- dat dei Strohstapler dortau nütt worden is, steiht fast,
- dei Mürder kennten Krönke un denn' Biohoff,
- Krönke kennte sien Mürder un hett wohrschienlich mit dei noch Bier drunken, bevör hei von dei oewerwältigt worden is,
- Mitarbeider von'n Biohoff hebben alltausamen ein stichfast Alibi,
- bether befragte Verwandte, Bekannte un Frugens ut sienen „Harem" kamen för denn' Murd nich in Frag,
- dei Schün is noch eins pienlichst nah Spuren afsöcht worden, ahn dat wat bi rut kamen is.

All dei Punkte, dei Knaak uptellt harr, würden in dei Runn wedder un wedder bespraken. Sei kemen oewer nich wieder un kort vör Middagstiet stellte Dr. Schmidt fast:

„Wi sünd je würklich flietig wäst un hebben ein grot Revier afgrast. Villicht möten wi nu 'n bäten deiper graben, tietlich wieder trüggtaukieken. Möglicherwies sünd vör Johren Saken passiert, dei nu wedder upbraken sünd!?" Knaak spüng up denn' Tog:

„Du nümmst mi dat Wurt ut 'n Mund, Jochen. För di un Hella liggt in'n Momang je wieder nix an. Wenn wi juch Hülp bruken, klingeln wi dörch. Un nu tau uns: Werner, du hürst di bi dei Nahwers von Krönkes üm un ick besäuk noch eins dei Biohoff-Chefin.“ Rhode gnägelte:

„Geiht dat nich ok annersrüm? Du führst tau Krönkes Nahwers un ick tau Evelyn Hoffmann?“ Knaak griente:

„Süh an, hest du di in dat schmucke Biohoff-Wief verkäken? Naja, von’t Öller her würd ’t passen. Du büst ’n anseihnlichen Kierl un solo, sei is Witfru un ein gaude Partie babentau! Väl Spaß up ’n Biohoff! Morgen früh drapen wi uns wedder hier un wecker tauierst dor is, sett dat Koffiewader up!“ –

As Rhode up ’n Parkplatz vör ehr Dienststell tau führen kem, stünn Knaaks Wagen all dor. In’n Arbeidsrum ankamen, schlögen denn’ Kommissar Koffierükels entgägen. Knaak set all an’n Schriewdisch, ’n Dreidrahtschen un dat Notizbauk vör sick. Ok up Rhodes Disch stünn ein Pott mit dei heite, brune Bohn. Knaak ökelte:

„Mi dücht, dat du denn’ Koffie nödig hest, wier dei Nacht so kort orer hest du schlicht schlapen?“

„Du hest blot tau Hälft recht. Ick hew grotorrig schlapen! Oewer dei Nacht wier würklich kort, wiel wi, Buersfru Evelyn un ick, langen oewer verläden Tieden spraken hebben. Man tau Sak: Fru Hoffmann hett mi vertellt, dat Krönke ’n bannigen ‚Fäger‘ wier. Tauierst güng dat mit sien Gisela gaut. Oewer as dei schwanger würd, füng hei an, frömdtaugahn. As nahst dei Twillings Roswita un Cornelia burn wiern, hett hei dat wiederhen mit anner Wiewer dräben un sick man wenig üm sien Fomilie kümmert. Krönkes Fru hett sick späder üm Lihrstell’n för ehr Döchter kümmert un dei Twillings hebben denn, nah Afschluss von'e teint Klass, dat Hus verlaten un in'n Internat in Rostock läwt. Nah Hus sünd sei selten kamen, wenn, denn blot ehr Mudder tau Leiw."

„Dat passt!", röp Knaak. „Dei Nahwers von Krönkes hebben mi nahtau datsülwig vertellt. Ein säd, dat Krönke sick möglicherwies mihr oewer Jungs as Nahwuss freugt harr. Fast steiht, dat Krönke mit sien Döchter nich klor kamen is, denn mit dei ierst Gelägenheit hebben sei dat Öllernhus verlaten. Sei harrn tau ehr Utbillung as Krankenschwester je däglich von Kritzmow nah Rostock rinführn künnt, hebben oewer dat Läwen in't Schwersternwahnheim vörtreckt! An Gisela Krönke kann dat nich lägen hebben, denn dei wier mit ehr Twillings ein Hart un ein Seel! Kort nah denn' Afschluss von ehr Lihr hebben dei Twillings friegt, sünd in ehr Rostocker Wahnungen treckt, hebben Kinner krägen un arbeiden hüt noch in'e Kliniken von uns' Hansestadt."

Dei Kommissare wiern sick stracks einig, dat dat Kapitel oewer dei krönkeschen Fomilienverhältnisse noch eins upschlagen warden müsst. Sei sett'n sick in Knaaks Wagen un führten nah Kritzmow.

Gisela Krönke stöhnte up, as sei dei Kommissare tau seihn kreg:

„Wat will'n Sei denn all wedder von mi? Wenn 't üm Gustavs Gräwnis geiht, sünd Sei bi mi nich an'e richtig Adress. Dei Loperie dorför un wat mit so'n Beierdigung tausamenhängt, hett mi dei Biohoff, bäder seggt Evelyn Hoffmann, afnahmen. Ick hew späder blot dei Räknung tau beglieken, orer sünd Sei wägen wat anners kamen?" Knaak güng up ehr Frag von hinnenrüm in:

„Mit dat Gräwnis von Sei Ehr'n Mann ward 't woll noch 'n bäten duern, denn noch is dei Liek von'e Gerichtsmedizin nich frie gäben. Dei Grund dorför liggt up'e Hand: Uns fählt bether jedein Spur von sien Mürders. Möglicherwies hebben wi wat oewerseihn un fangen dorüm mit uns' Befragungen noch eins von vörn an un will'n dei ok utwieden. Mit Sei Ehr Döchter hebben wi bispillswies noch gor kein'n Kuntakt hadd. Könn'n S' uns dei ehr Adressen gäben?"

Gisela Krönkes Antwurt wier barsch:

„Laten S' mien Döchter in Rauh! Dei sünd langen ut 'n Hus un hebben mit denn' Murd nix tau daun! Fragen S' mi, wenn Sei wieder noch wat weiten will'n!" Rhode güng up Fru Krönkes Upföddern in:

„Gaut, denn vertell'n Sei uns eins, worüm Sei Ehr Mann mit dei Twillings orer dei Twillings mit Sei Ehr'n Mann nich recht utkamen künn'n un worüm Sei Ehr Döchter so frühtiedig ehr Öllerrnhus verlaten hebben." Gisela Krönke schweg langen still. Denn strakte sei sick ehr griesen Hoorsträhnen ut 't Gesicht un vertrugte dei Kommissare ehr Liedensgeschicht an:

„Ick hew dunnmals, as dei Twillings all teigen Johr olt wiern, mit Evelyn Hoffmann in'e Melkveihanlag von uns' LPG arbeid. Männigmal, wenn 'k abends nah Hus kem, makten dei Twillings 'n verstürten Indruck up mi. Dei Ursak dorför hebben sei mi oewer nich seggt. Un ick bün nich dor achter kamen, wiel ick Gustav Krönke dunn alls anner tautrugt hew, oewer nich, dat hei sick an uns' Döchter vergriepen würd! Ierst as Roswita un Cornelia ehr Lihr upnahmen harrn, partu nich mihr in dit Hus läwen wull'n un nah Rostock in 't Internat ümtreckt wiern, hebben sei mi vertellt, wat sei unner dit Dack dörchmakt hebben. Ja, Krönke hett sien eigen Döchter missbrukt un dat johrelang! As ick Gustav tau Räd stellt un em mit ein Anzeig draugt hew, hett hei blot lacht. Lop doch tau dei Polizei! Ick ward utseggen, dat du dei Geschicht ut Iewersucht erfünn'n un uns' Döchter upwiegelt hest! Keinein ward di glöwen! Hei hett dat fardig krägen, mi so intauschüchtern, dat ick schwägen hew, leider!" Denn grep sei sick 'n Stift un schrew för dei Beamten dei Adressen von ehr Döchter up. –

Up dei Trüggfohrt säden Knaak un Rhode kein Wurd. Sei güngen ehr Gedanken nah. Ierst as sei wedder achter ehr Schriewdisch seten, fohrte Rhode sick mit sien Hand unner 't Kinn lang un kek Knaak dorbi an:

„Nee, Jörg, männigmal steiht mi uns' Beruf bet hier baben! Un wi möten nu ok noch deijenigen finn'n, dei dat Schwien upbammelt hebben!" Knaak nickte:

„Mi is dat ok up 'n Magen schlagen. Helpt oewer nix, Recht is Recht un Gesetz is Gesetz. Kannst du uns bi dei Krönke-Döchter anmell'n? Wohrschienlich hebben dei ehr Kierls bi ein Twillingsdrapen kenn'nlihrt, denn all beid heiten nu mit Achternamen Tiedemann!"

Gisela Krönke harr woll ehr Döchter wohrschugt, dat sei hüt noch von'e Murdkommission Besäuk kriegen würden. Roswita Tiedemann säd tau Rhode, dat hei un Knaak nah Fierabend in ehr Rostocker Wahnung kommen künn'n, Cornelia wier denn ok dor.

Dei hübschen Tiedemann-Frugens böden ehr'n Besäuk wat tau drinken an un säden, dat sei von ehr Mudder wüssten, wat hüt in ehr Öllernhus tau Sprak kamen wier.

„Wi hebben, wat unsen Beruf angeiht", füng Knaak an tau räden, „je all ein dick Hut, oewer männigmal möten wi ok noch bannig schlucken, so ok hüt Nahmiddag. Ick gah dorvon ut, dat Sei dat, wat Sei Ehr Mudder uns anvertrugt hett, wenn 't nödig is, ok tau Protokoll gäben!? Wenn ja, denn könn'n wi dat Kapitel för 't ierst afschluten. Sei weiten säker ok, dat wi disse Frag nu stell'n möten: Wo wiern Sei an'n vörrigen Sünndag, as Sei Ehr Vadder ümbröcht würd?"

„Ick will Sei in uns' beid Namen wat vörwegt seggen", füng Roswita Tiedemann ehr Utsag an. „Sei weiten je nu, wat uns' Vadder uns andahn hett. Dorüm harrn wi kein Achtung vör em un nich ein'n Funken Mitgefäuhl, ja, wi hebben denn' Minschen Krönke sogor hasst! Uns sünd oewer liekers kein Gedanken an ‚Rache' orer gor ein Idee em ümtaubringen, in'n Sinn kamen! –

Nu tau Sei Ehr Frag: An denn' markwürdigen Sünndag harrn wi beid Spätdeinst, dat heit von Klock ein middags bet Klock nägen abends, ick in'e Südstadtklinik un Cornelia in'e Universitäts Ogenklinik. Uns' Arbeidgäwers könn'n dorför alltiet Tügnis afleggen! Näbenbi, wi Twillings versäuken immer tau glieke Tieden

Deinst tau maken, dormit wi nahst mit uns' Fomilien väl tausamenklucken könn'n."

An'n annern Morgen röp Hella Kaminski bi Rhode an. Tau sienen Updrag von gistern Abend: So as angäben, harrn Roswita un Cornelia Tiedemann, nah Rücksprak in dei Kliniken, an denn' Sünndag Spätdeinst hadd.

Dei Tiedemann-Frugens künn'n dornah Krönke nich dei Schling üm denn Hals leggt hebben, dat wier säker. Liekers stünn'n sei mit dit Ergäwnis wedder mit lerrig Hänn dor.

„Ick kann mi nich helpen", grüwelte Knaak, „as wi bi Gisela Krönke wiern un dei uns ehr Hart utschütt hett, harr ick dat Gefäuhl, dat sei uns mit dat Missbruksdrama up ein heit Spur bröcht hett. Wecker künn noch wat mit dei Geschicht tau daun hebben?"

„Mag villicht 'n bäten von wietweg herhalt sin", gew Rhode tau bedenken, „oewer wat is, wenn dei Kierls dörch ehr Frugens Wind von krägen hebben, wat ehr Schwiegervadder dunnmals dräwen hett?" Knaak schlög sick mit dei flach Hand vör 'n Kopp:

„Werner, worüm büst du dor nich ihrer up kamen? Oewer wi will'n nu man nix oewerstörten. Hella sall alls, wat oewer dei Tiedemanns ruttaukriegen is, besonners, wo sei an denn' schwatten Sünndag wiern, tausamendragen un dei Daten tau mienen PC roewerladen!"

As dei Kommissare nah dat Middagäten ut dei Kantin trüggkemen, blinkte Knaaks Monitor. Hella harr weddermal alle Register treckt. Mit ehr ‚Material' wier wat antaufangen: Dei Krönke-Döchter harrn würklich bi ein Twillingsdrapen dei Tiedemann-Jungs kennlihrt. Roswita friegte Karl un Cornelia Ernst. Tau beid Fomilien hürten intwüschen twei Kinner, je ein Söhn un ein Dochter. Karl un Ernst Tiedemann harrn bi dei Rostocker Stratenbahn-AG lihrt un hürten nu tau dat Fohrpersonal. Sei künn'n achter dat Stüer in'n Bus sitten orer ein Stratenbahn lenken, so, as sei grad brukt würden. Dei beiden sportlichen Kierls wiern in'n Rostocker Sägelverein Mitglied un verbröchten mit ehr Fomilien väl Tiet up 't Wader. Gägen dei beiden fründlichen un flietigen Männer leg bether nix vör. Wat sei an'n vörrigen Sünndag dräben harrn, wier nich ruttaukriegen wäst.

Karl un Ernst Tiedemann kregen dörch Beamte ein Vörladung uthännigt: Sei harrn sick annern Dag nahmiddags bi dei Herrn Knaak un Rhode tau mell'n.

In'n Dienstrum von dei Kommissare seten ok Hella Kaminski un Dr. Schmidt.

Dei Tiedemann-Bräuder sehgen oewernächtigt un blass ut. Knaak harr denn' Hefter ‚Biohoff-Murdfall' noch nich upschlagen, as Ernst Tiedemann säd:

„Wi will'n ein Geständnis afleggen!" As Rhode dat Mikro trechtrückt harr, füng hei an tau vertell'n: „Twüschen uns' Schwiegermudder un uns' Frugens bestünn ümmer ein innig Verhältnis. Oewer von ehren Vadder spröken Roswita un Cornelia nienich un dei würd ok nich tau dei Duwwlhochtiet inlad. Up uns' Fragen worüm, kregen wi langen Tiet kein Antwurd. Alls tau orer oewer Gustav Krönke wier tabu! Ierst vör korten hebben uns' Frugens dat ‚Geheimnis' lüft. Un denn sünd wi up dei Idee kamen, Krönke ein'n ‚Denkzettel' tau verpassen un hebben uns dortau as Urt denn' Biohoff utsöcht. Dat süll würklich so utseihn, as wenn wi dei Afsicht harrn, em uptauhängen. Angst süll hei kriegen, so'n Angst as sien Döchter dunnmals harrn, wenn sei ahnten, dat hei sei weddereins missbruken wull. In dei Schün hebben wi alls för dei ‚Straf' trechtmakt. Krönke leten wi weiten, dat wi wägen uns' Frietiet blot an'n Sünndag tau em kamen künn'n. Unner denn' Vörwand, mit em oewer denn' sösstigsten Geburtsdag von sien Fru Gisela spräken tau wull'n, dei je in Kritzmow fiert warden sall, hett Krönke uns in sien Büro up 'n Biohoff laten. Ierst hebben wi, dormit hei nich argwönsch würd, Bierbuddels up 'n Disch stellt, ok wat drunken un em denn dalrungen. Krönke hett kein Wurd seggt, as wi em Fäut un Hänn tausamenbunn'n un em oewer denn' lerrigen Hoff tau dei Schün dragen hebben. Üm kein Spuren tau hinnerlaten drögen wi Overalls un Handschen. Karl hett sick mit Krönke up dei Bräder sett, dei wi in'e Staplergabel leggt harrn, un sien Hänn frie makt, dormit hei sick fastholl'n künn. Dei ganze Tiet lang hett Krönke schwägen, nich jammert, nich üm Hülp ropen, kein Wurt. Ick hew dei beiden nah baben führt. As sei up dei Höcht von'e Schling wiern, ret sick Krönke los, ströpte sick dei Schling oewern Kopp un sprüng von'n Stapler. Hei wier up 'n Schlag dod, sien Knick wier woll braken.

As ick Karl wedder unnen harr, hebben wi Hals oewer Kopp dei Schün verlaten un sünd nah Hus führt. Wi hebben uns ümmer wedder fragt, wat ward ut uns' Kinner un Frugens, wenn uns' Daun in dei Schün rutkümmt, un dorüm bet hüt schwägen. Wi harrn doch blot vör, em Angst intaujagen, wieder nix! Hei hett sick sülben ümbröcht, dat möten S' uns glöben!" Knaak schüddelte noch sienen Kopp as hei säd:

„Sei seihn beid nich as dömlich Jungs ut, ower wenn dat stimmt, wat Sei äben tau Protokoll gäben hebben, denn hebben Sei sich noch dömlicher as dömlich Jungs benamen. Uns' Arbeid is mit Sei Ehr Geständnis afschlaten. Wat dat Murd orer 'n Unglück wier, dormit warden sick nu dei Richter befaten. Sei sünd fastnahmen!"

Ein Stunn späder, as Knaak un Rhode wedder allein in ehren Deinstrum seten, kloppte dat. Evelyn Hoffmann stünn in'e Dör. Knaak kek 'n bäten verwunnert, as Rhode ehr vertellte, dat dei Biohoff-Murdfall nu afschlaten wier un dat dei Ursack för dat Drama bi Krönke sülben lägen hett, wieldat hei sien eigen Döchter missbrukt harr.

„Is je kum tau glöwen", säd Evelyn Hoffmann. „Wenn Gustav, disse geile Buck, mien Kierl wäst wier, harr 'k em entmannt!"

„Harrst du nich!", schmet Rhode in. „Du büst twors ein couragiert Fru, lettst di oewer doch nich tau so'n unoewerleggt Daun henrieten! Wenn du Bewiese in'e Hand hadd harrst, wierst du dormit tau dei Polizei gahn un hei wier achter Gitter kamen. Un dor harr hei sien blag Wunner beläwt. Bi Knastologen kann ein alls sin, Hehler, Mürder, Fälscher un süss noch wat. Man wenn dei mitkriegen, dat sei unner sick ein'n ‚Kinnerficker' hebben, entschullige Evelyn, oewer bi Knastis heiten Pädophile so, denn is hei duwwelt bestraft, wiel dei annern Insassen em dat Läwen tau Höll maken!" Knaaks Mul stünn apen. Hei kek dei Biobuerin an, denn wedder Rhode un dacht: Hür ick richtig, as dei Evelyn Hoffmann säd:

„Lat uns upbräken, Werner, dat mit dei Dischreservierung in't Fischrestaurant an'n Ollen Haben hett klappt, obschonst dei wägen Corona nich väl Gäst in 't Lokal laten. Un för Sei Herr Knaak, ok 'n schönen Abend!" –

SCHLAPTABLETTEN UN MILLIONEN

Harr sick dei Fru in'e Nacht von Sünndag tau Mandag dat Läwen nommen? Sei leg an'n Warnemünner Strand up dei Höcht Teepott, nich wiet von'n Molenkopp af. Mit jeden Well'nschlag bewägten sick ehr spierigen Hoor üm denn' Kopp. Bet an'e Bost schwappte dei See. Unnerliew un Bein legen twüschen Tang, Seegras un witten Sand. Näben dei Liek stünn ein Rollator. Jogger harrn dei grieshoorige Dode kort nah Sünn'nupgang funn'n. Rettungssanitäter un Notdokter stellten fast, dat bi dei öllere Fru jede Hülp tau spät kem.

In'e Gerichtsmedizin harr nu Dr. Joachim Schmidt ehren Liew up 'n Disch. As hei mit sien Ünnersäukung fardig wier, röp hei bi dei Murdkommission an. Föfteigen Minuten späder stünn'n Haupkommissar Jörg Knaak un Kommissar Werner Rhode näben em. Dr. Schmidt wieste up dei Liek:

„Dat hett hüt morgen an'n Strand woll so utseihn, as wenn dei olle Fru in'e Ostsee ümkamen is, oewer sei wier all langen vörher dod. Sei is eindüdig an ein Oewerdosis Schlapmiddel storben, noch vör Middernacht. Ehr Kondition nah harr sei dat mit ehren Rollator ut eigen Kraft ok gornich bet an 't Wader schafft. Sei möt nah ehren Dod tau'n Strand transportiert worden sin. Worüm? Wohrschienlich, wiel einer 'n Murd vertuschen wull!

Dei Fru is oewer achtig Johr olt. Kann sin, dat sei wägen ehr Öller in ein Senioren- orer Plägheim läwte, denn dat sei noch allein trechtkamen is, glöw ick nich. Dorför spräkt ok, dat wi in ehr Kleedung nix funnen hebben, womit sei identifiziert warden künn, kein Popier'n, kein Schlöttelbund, blot ein Schnuf- un 'n Corona-Schnutendauk. Juch Spurensäkersch, Hella Kaminski, wier ierst all hier. Sei hett ein ‚Passfoto' von dei Dodig makt un sick notiert, wat dei för Kleedung drög. Ick sall juch seggen, dat sei sick kunnig maken will, wur in Rostock un Ümgäbung ein öllere Fru vermisst ward. Sei meld sick nahst!" –

Dei Mandagmorgen füng je gaut an! Knaak un Rhode günnten sick iersteins 'n Frühstück. Dortau güngen sei oewer nich as ehr jungschen Kollegen in'e Kantin, sonnern halten dei ovalen bleckern Frühstücksdosen ut ehr Aktentaschen. As dei „Türksche“ upbräut wier, makten sei sick oewer dei sülwst schmerten Brotschiewen her. Wieldat hei noch up Schwattbrot un Mettwust rümkaugte, harr Knaak Mäuh, Rhode tau verstahn:

„Villicht hett dei Dode Urlaub in Warnemünn makt? Mientwägen kann sei ut Hessen orer süsswoher stamm'n, denn wiern wi denn' Fall bald wedder los! Weckein bringt denn so'n oll Fru üm? Allein bi denn' Gedanken ward ein'n je all grugen …“ In denn' Ogenblick meldte sick Knaaks Smartphon mit denn' dwatschen Klingelton „Kuckkuck, Kuckkuck …“ Knaak flusterte: „Hella“ un tippte up lut, dat Rhode mithürn künn:

„Na, hewt ji dei Mandagsmorgen-Oewerraschung all verknust? Ick denk Jochen hett juch vertellt, dat ick in Saken: ‚Vermisste öllere Fru‘ unnerwägens bün. All bi dei drüdd Nahfrag bün ick fünnig worden. In dat grote ‚Pflegeheim Herbstzeitlose‘ an'n Stadtrand is Hermine Quast nich tau't Frühstück kamen. In ehr Stuw wier sei ok nich. Nu ward sei dörch dat Personal grad oewerall in't Hus söcht. Dat Heim, so säd dei Chef Dr. Frido Wupper, künn sei nich verlaten hebben, denn blot mit ehren Rollator wier sei in'e Lag tau lopen un mihr as twintig Meter würden dat nich. As ick em dat Foto wieste, säd hei verdutzt, dat sick dat bi dei Fru up dei Aflichtung üm Hermine Quast hanneln würd. As hei weiten wull, woans ick tau dat Bild kamen bün, hew ick seggt, dat em doroewer gliek twei Herrn upkloren warden. Könnt ji bald kamen? Ji find mi in dei Sesseleck achtern Ingang.“ Rhode multe wat von nich mal in Rauh Frühstück äten könn'n, as Knaak säd:

„Wi sünd gliek dor, Hella!", un tau Rhode: „Denk an, Werner, uns' Kriminaltechnikersch is Gold wiert! Sei is bannig flietig un nümmt uns väl Arbeid af! Wenn s' ok 'n bäten vörielig wier, wi will'n sei man nich unnödig täuwen laten!"

Nahdem Knaak sien Schnutendauk afnahmen un Dr. Frido Wupper utführlich Bericht oewer Fundurt un Dodesursak von Herrmine Quast gäben harr, schüddelte dei ümmer wedder mit 'n Kopp:

„Mi is je klor, dat Sei mi hier kein Märken updischen, oewer woans sall Fru Quast ut dat Hus kamen sin? Ut ehr Finster? Sei wahnt in'n tweiten Stock! Ut dei Husdör? Dei is nachts oewer afschlaten un mit 'n Riegel säkert! Hier kümmt ahn Taustimmung von unsen Wachdeinst keinein rin orer rut un wägen dei Corona-Bestimmungen ierst recht nich! Ein Fru mit 'n Rollator, dat föllt doch up! Sowat hew ick noch nich beläwt!"

„Wat meinen Sei woll Herr Dokter", un Knaak kek dorbi in'e Runn, „wuroft wi Saken beläwen, dei up 'n iersten Blick unmöglich tau sien schienen. Mihrst kriegen wi oewer rut, wat dor achter stäkt un dorüm sünd wi je ok hier. Wenn Sei nix intauwenn'n hebben, würd Fru Kaminski sick nu mit denn' Wahnrum von Fru Quast befaten, un wi, Kommissar Rhode un ick, würden uns giern dei Besäukerlisten ankieken, denn mit dei Lüd von'n Wachdeinst un tauletzt mit dat Plägpersonal spräken. Dormit wi nich bi dei Corona-AHA-Rägeln anecken un denn' Heim-Betrieb nich stür'n, wier 't schön, wenn

Sei uns 'n Rum tau Verfügung stell'n künn'n. Wi würden denn Sei Ehr Angestellten enzeln tau uns ropen. Vörher oewer noch ein Frag: Harr Hermine Quast noch Verwandte?" Dr. Wupper kek Knaak verwunnert an:

„Dei ‚Shooting Star' Hanns-Hermann Quast von disse grote Volkspartei is ehr Söhn! Denn' kenn'n Sei doch! Weck Lüd seggen, dat H.H., as hei von sien Frünn nömt ward, sogor dat Tüg tau'n Parteivörsitter orer gor Ministerpräsidenten harr! Hei hett sien Mudder an'n Sünnabend noch besöcht un näbenbi vertellt, dat hei nu ein Woch lang Urlaub maken will. Oewer wur, dat hett hei nich seggt."

„Wecker kennt denn' Politiker Quast nich", stellte Knaak fast, „dei Nam kümmt je ok nich alle Daag vör, oewer dat sien Mudder hier bi Sei in't Plägheim läwt hett, harr 'k nich dacht. Wo Quast sick tau Tiet uphöllt, warden uns' Lüd rutkriegen. Wi oewerbringen em denn dei trurig Nahricht!"

Dei Heimchef wieste sick as 'n gauden Organisator. Dat Personal kreg dei nödigen Informationen, dei Kommissare ehren Rum un denn' Henwies, dat sei sick an'n Heimkiosk bäten Fräterasch köpen künn'n.

An'n späden Abend versiegelte Hella Kaminski denn' Wahnrum von Hermine Quast un verlöt mit Knaak un Rhode dat „Pflegeheim Herbstzeitlose". Annern Morgen süll dei Utwertung stattfinn'n.

„Wenn dat mit uns' Oewerstunn-Makerie so wiedergeiht", zausterte Rhode bi dei Fohrt nah Rostock, „haug ick bald in'n Sack!" Knaak, dei achter 't Stüer set, ahnte, woher dei Wind weih'n ded:

„Nanu, dat hür 'k von di tau't ierst Mal. Oewerstunn hebben di doch bether nix utmakt, hett dat ein'n Grund?" Rhode griente un nickte sienen Partner tau:

„Ja, siet korten hew ick ein'n Grund. Du kennst denn' je ok un dei heit Evelyn!" –

Rhode kem ierst Klock nägen in'e Dienststell. Knaak let em weiten, dat hei betlang nix versümt harr, denn Hella Kaminski wier noch mit Recherchen tau dei Quast-Fomilie beschäftigt un würd späder kamen. Dei Kommissare stäkten dei Köpp in ehr Notizbäuker, üm dei Befragungsergäwnisse von gistern dörchtauseihn. Nah ein Stunn stünn dei Kriminaltechnikerin in'e Dör, dat Schnutendauk unner 't Kinn, as ümmer in sportlich Kleedung, gaut upleggt un mit 'n Smüstern üm ehr düsterrod schminkt Lippen. Knaak makte ehr 'n Kumplimang:

„Is ümmer wedder ein Freud, di antaukieken, Hella! Ick wunner mi, dat du bi uns' Daun dei Läwenslust nich verlierst un beneid di männigmal sogor, dat du beids so plietsch unner einen Haut kriggst!" Fru Kaminski wier dei Freud oewer Knaaks Würd antauseihn un sei säd:

„Wenn 'k so begrüsst ward, bruk ick mi je kein Gedanken üm mien Tauspätkamen tau maken. Dat harr je ok sienen Grund, hürt tau: Dei linke Journalistin Hermine von Kleven verfriegte sick, as sei all dreiunviertig Lenze up 'n Puckel harr, mit denn' föfteigen Johr ölleren Industriellen Hermann Quast. Dat hett dunnmals in dei BRD för Upseihn sorgt. Ein Johr späder kem sei noch eins in'e ‚Schlagzeilen': ‚Spätgebärende

Frau des Unternehmers Quast bringt gesunden Jungen zur Welt!'. Achteigen Johr späder nümmt dei Söhn von Hermine un Hermann, Hanns-Hermann Quast, ein Jurastudium im München up. Hei entwickelt sick tau'n ‚ewigen Studenten' un brukt twölf Johr bet tau'n Afschluss. Dei Hoffnung, dat Hanns-Hermann mal in sien Fautspor perr'n würd, harr Vadder Quast bald upgäben. Hei verköffte denn' groten Stahlbubetrieb. Nah dei Wend trök dat dei beiden Senioren an'e Küst. In Kühlungsborn stünn ein Villa tau'n Verkop, nich wiet von'n Strand af. Sei grepen tau un fäuhlten sick in ehr nieg Hüsung woll. Drei Johr späder stürf dei oll Quast un Hanns-Hermann trök tau sien Mudder. Dei Villa nütt'e hei nu as Kanzlei, wat hei Klienten harr orer nich, weit keiner so recht. Vör fief Johr, jüst as Hanns-Hermann tau'n Politiker würd, müsst Hermine Quast ut Öllersgrünn in ein Plägheim. Sei harr sick von ehr Vermögen her ein Luxus-Senioren-Residenz günn'n künnt. Dat wull ehr Söhn ok so. Sei sall oewer seggt hebben, dat sei leiwer mit vernünftig Minschen unner ein Dack läwen mücht un nich mit oewerkandidelt Hahns un Puten! Dorüm is sei bi dei ‚Herbstzeitlosen' intreckt. In dei Kühlungsborner Villa läwt Hanns-Hermann nu allein, oewer, as dei Lüd vertell'n, in Saus un Braus. Intwüschen sall sien Arwdeil all upbrukt sin, oewer wägen dat Vemögen von sien Mudder kann hei woll soväl Kredit upnähmen, as hei will. Dat möt natürlich noch oewerprüft warden.

Nu tau gistern. In denn' Wahnrum von Hermine Quast wier alls orrig uprümt. Ick hew kein Spur von

Gewalt funn'n, ok kein Medikamente un all gornich Schlapmiddel. In dei Bibel, dei in ehr Nachtschapp liggt, leg ein lütt Zettel, up denn' mit Bliefedder ein Kontonummer von ehr Husbank kritzelt wier. Ick hew dat för juch orrig tau Popier bröcht, denn ji willt säker weiten, wat sick dor achter verbargen deit." Knaak stäkte dat Bladd in sien Jack. Bi denn' Bericht von Fru Kaminski harr hei ein bedenklich Mien krägen, murmelte sick wat in 'n Bort, wat „ok dat noch" heiten künn, un nickte Rhode tau, dat dei wiedermaken süll:

„Je, Hella, wat wi in Erfohrung bröcht hebben, kann 'n in einen Satz tausamenfaten: Keinein in't Heim hett, wenn 't üm Hermine Quast geiht, wat seihn hürt orer markt! Fast steiht oewer, dat sei dat Heim nich ahn Hülp verlaten künn! Egal, weckein ehr nu hulpen hett, hei möt sick in dat Hus un mit sien Bewahner utkenn'n, weiten, woans man rin orer rut kümmt un hett dorüm wiss ok Schlöttel för dei Husdör. Ein anner Problem is, dat wi bether ok noch kein'n Kuntakt tau dei Plägerin Peggi Lange harrn, dei för Fru Quast taustännig wier. Fru Lange hett disse Woch Urlaub. Wi hebben oewer dat Kennteiken von ehren ‚Audi' un laten em säuken.

Hüt Nahmiddag will'n wi liekers noch eins tau dei Herbstzeitlosen führ'n, kann je sin, dat wi dor noch wat Nieges in Erfohrung bringen könn'n. As ick Jörg kenn, ward hei vörher versäuken, Utkunft bi dei Bank oewer dat Konto von Fru Quast tau kriegen. Villicht weiten wi bald mihr!"

In denn' Ogenblick kloppte dat un ein Beamter langte 'n Zettel dörch dei Dör.

Knaak gew em an Rhode wieder:

„Dei ‚Witten Müs‘ hebben denn' Audi von Peggi Lange in Kühlungsborn funn'n. Werner, dor führst du gliek hen! Versäuk, dei Plägersch utfinnig tau maken un segg ehr, dat uns dat wägen ehren Urlaub twors leed deit, sei oewer morgen früh bi uns andanzen möt. Ick führ intwüschen tau dei Bank. Werner, wi drapen uns hüt nahmiddag in't Plägheim un wi drei seihn uns morgen früh wedder hier, villicht is denn dei Anwäsenheit von Jochen ok nödig, bet denn!“

Knaak set noch in sienen Wagen, dei up 'n Parkplatz von dat Plägheim stünn. Rhode parkte dornäben, steg tau Knaak in 't Auto un füll sotauseggen mit dei Dör in 't Hus:

„Weisst du Jörg, wur Peggi Lange Urlaub makt? In dei Villa von Hanns-Hermann Quast in Kühlungsborn!“ Knaak kek Rhode unglöwsch an:

„Segg dat noch mal!“

„Würklich, Jörg, in dei Quastsche Villa in Kühlungsborn! Sei hett mi twors fründlich dei Dör up makt, würd oewer fünsch, as sei mien Plakett sehg: Ahn ehr'n Fründ, H.H., dei sick tau Tiet mit Politiker-Frünn in München beraden deit, würd sei kein Wurt seggen un ok nich tau uns in'e Dienststell kamen! Un denn hett sei dei Dör vör mien Näs tauschlagen! Wat seggst dortau?“

„Wat sall ick dortau seggen, Werner. Mi is dat nich bäder gahn as di. Ierst Herr Kommissar vörn, denn Herr Knaak hinn'n, oewer as ick mit mien Anliggen rut kem, würden dei Schotten dicht makt. Ach, dat geiht üm dat Bankkonto von Fru Quast, täuwen S', ick segg Direkter Meier bescheid. Un denn kem dei pomadisierte Lackaap up mi tau. Hei schüddelte mit Corona-Afstand sien tausamenschlaten Hänn in'e Luft, wat woll 'n andüdten Händruck sin süll, un verklorte mi denn oewermaten fründlich, dat hei je för dat Bankgeheimnis grad stahn müsst. Dat dröp besonners tau, wenn sick dat üm so'n ‚hochkarätig' Kundschaft as Fru Hermine Quast hannelt, dei je babentau noch dei Mudder von sienen Parteifründ H. H. is. Ahn Anwiesung von ganz baben künn hei mi leider kein Utkunft gäben. Oewer dei Sekretär von Meier, mit denn' ick gaut bekannt bün, flusterte mi bi't Rutgahn tau: Hannelt sick üm gaut twei Millionen, Aktien un anner Popier'n nich miträkend! Je, üm an so'n Hümpel Geld tau kamen, is all männigein ümbröcht worden!

Naja, nah dit Theoter in'e Bank hew ick för hüt dei Schnut vull. Villicht muern dei in't Plägheim je ok, wenn 't üm denn' Namen Quast geiht?! Lat uns nah Hus führ'n, morgen is ok noch 'n Dag. Mien Fru ward sick freugen, wenn 'k eins ihrer as süss bi ehr bün, un du kannst bi dien Evelyn Punkte sammeln!" –

Knaak un Rhode wiern annern Morgen noch nich ganz oewern Süll tau ehrn Deinstrum, as ehr Sekretärin all rappelig röp:

„Gaut, dat Sei dor sünd! Dei Staatsanwalt röppt in'n Minutentakt an un fröggt, wo Sei afblieben! Sei sall'n sick standepeh bi em mell'n!" Dei Kommissare makten up 'n Hacken kihrt un kloppten bi ehr'en Chef an. Sei wiern noch nich ganz in'n Rum, as dei bölkte:

„Hebben Sei noch all ehr Sinn'n bieinanner? Sei spionier'n achter unsen Vize-Parteichef Hanns-Hermann Quast an? Schnüffeln in sien'n Läwenslop rüm? Versäuken, sien Fründin Peggi intauschüchtern, bringen Bankdirekter Meier in Verlägenheit un wat dei Höcht is, Sei maken ut denn' beduerlichen Suizid von H.H.s Mudder 'n Murdfall un bewiesen dormit, dat Sei kein Achtung vör Privatläwen un Truer von unsen Parteifründ hebben! Dei ‚Fall Hermine Quast' is hiermit afschlaten, dei Unnerlagen dortau kamen furtsens up mienen Disch! Restpunkte, falls dat so'n gäben süll, rägel ick!" Knaak wier in Rasch kamen:

„Dat kann doch nich wohr sin, Dr. Schmidt hett doch eindüdig faststellt, dat Fru Quast all dod wier, as sei …" Staatsanwalt Schwark schned em dat Wurd af:

„Hüren Sei nich orrig tau? Sei hebben mit denn' Fall Quast nix mihr tau daun! Ick weit intwüschen dörch Telefonate mit H.H., wat an denn' Abend lopen is: Up Wunsch von dei oll Dam hett Peggi Lange dei nah Warnemünn führt. Hermine Quast wull sick noch ein Mal dat Meer ankieken. Dat sei plant harr, sick wat antaudaun, künn ehr Plägerin je nich weiten. As Hermine Quast dod ümfall'n ded, kreg Fru Lange Panik un hett Tauflucht in dei Kühlungsborner Villa von ehren Fründ söcht, wat jewoll verständlich is. Sei gew H.H. gliek Bescheid un dei hett mi anropen. Natürlich könn'n wi Versümnisse von Fru Lange nich unnern Disch fägen! Dorför, dat sei mit Fru Quast, ahn dat dei Direkter wat von wüsst, dat Heim verlaten un ok noch tauwedder hannelt hett, wat dei Corona-Bestimmungen angeiht, ward sei sülwsträdend tau Räkenschaft treckt un dat ward düer! Denn wat Recht is, möt je Recht blieben, oewer dat möt ick Sei je nich verkloren. Dat wier 't, un nu wedder an'e Arbeid miene Herrn!" –

Knaak set as 'n begaten Pudel achter sienen Schriewdisch. Rhode makte indess 'n upvermünterten Indruck. Hei kek tau Knaak roewer un säd:

„Hür tau Jörg! Ick glöw je nich an dat, wat Kortenlegger orer Stierndüder vertell'n, oewer männigmal möt dei Minsch orrig anrempelt warden, üm in ein anner, nieg Spur tau kamen! Körtens hett Evelyn tau mi seggt: Werner, noch sünd wi klor in'n Kopp un beinig, oewer dat kann sick fix ännern! Wat höllst du dorvon, wenn wi uns' Berufe an'n Nagel hängen, 'n Wahnmobil köpen un dormit dei Welt bereisen? Ick wier mi bet hüt nich schlüssig, wat ick taustimm'n orer aflähnen süll. Äben hew ick denn' nödigen Schubs krägen! Un wieldat wi Beamte je all mit tweiunsösstig in Pension gahn können, ward ick noch hüt Abend mit Evelyn in't Internett nah so'n ‚Caravan' säuken!" Knaak schweg 'n tietlang, stünn denn sachten up, klemmte sick 'n Aktenordner unnern Arm un säd:

„Kumm, Werner, wi maken uns up 'n Weg tau unsen Chef, denn' Herrn Staatsanwalt. Hei wull je dei Unnerlagen tau denn' Fall Hermine Quast furtsens up 'n Disch hebben! Un denn möten wi em je ok noch klor maken, dat twei Stell'n bi dei Murdkommission frie warden! Von wann an, wat meinst?" Rhode griente schelmsch:

„Sofort, unverzüglich!" –